Georg Stauth

Authentizität und kulturelle Globalisierung

Paradoxien kulturübergreifender Gesellschaft

Die Deutsche Bibliothek •
CIP-Einheitsaufnahme
Stauth, Georg:
Authentizität und kulturelle
Globalisierung : Paradoxien
kulturübergreifender Gesellschaft /
Georg Stauth. – Bielefeld :
transcript Verlag, 1999
(X-Texte zu Kultur und Gesellschaft)
ISBN 3-933127-05-X

Gestaltung: orange|rot, Bielefeld
Satz: digitron GmbH, Bielefeld
Druck: Digital PS Druck
GmbH, Frensdorf
ISBN 3-933127-05-X

Inhalt

In der universal vermittelten Welt ist alles primär Erfahrene kulturell vorgeformt. Wer das andere will, muß von der Immanenz der Kultur ausgehen, um sie zu durchschlagen.
Theodor W. Adorno 1964

Über den kritischen und den affirmativen Umgang mit der »Historie«

Es ist ein wichtiges, zugleich auch ein hoffnungsloses, sicher aber ein nicht ganz selbstloses Unterfangen, wenn Pierre Bourdieu und Loïc Wacquant die exzessiven Wirkungen der modernen affirmativen Kultur im zeitgenössischen amerikanischen Akademismus mit Formeln wie »begrifflicher Barbarismus« belegen (1999: 44). Die Grundlagen der affirmativen Kultur wurden schließlich nicht in Amerika, sondern im europäischen Historismus des 19. Jahrhunderts gelegt. Die begriffliche und theoretische Enthistorisierung, die Bourdieu/Wacquant auf die Migration der Ideen[1] über nationale Grenzen hinweg zurückführen, ist alleine nicht für das verantwortlich, was sie »Derealisierung« und »falsche Universalisierung« nennen.[2] Daß die liberalistischen akademischen Debatten über »Multikulturalismus« einerseits der Selbstbehauptung einer neuen Mittelklasse und andererseits der Zementierung eines höchst spezifischen Rassendualismus dienen[3], ist zumal unter dem Gesichtspunkt der Globalisierung eine sicher bedenkenswerte Feststellung. Sie geht jedoch an dem Grundproblem vorbei, nämlich daß auch jene »genuine« Soziologie der Ideen- und Begriffsgeschichte[4], die Bourdieu/Wacquant fordern, den Konstruktionsbedingungen der affirmativen Kultur nicht entkommen kann.

Friedrich Nietzsches (1844–1900) Kritik des modernen Authentizitätsdenkens hat sowohl in den liberalistischen als auch in den anti-liberalistischen Konstruktionsmodellen weitergewirkt und zu Verhärtungen und Umkehrungen geführt, die letztlich der Affirmation der Moderne dienten. So kann man zum Beispiel an der Religionssoziologie Max Webers (1864–1920) gut erkennen, wie sehr die Transformation von Kritik in affirmative Begrifflichkeit die Soziologie selbst betrifft.[5] Ein ähnliches Geschick der affirmativen Umdeutung – wenn er nicht selbst schon hierfür die Perspektive geöffnet hat – widerfährt heute, wie wir weiter unten noch deutlicher sehen werden, Foucaults Kritik der institutionellen Macht, des authentischen Subjekts und des Ursprungs in der Geschichte. Es sind auch hier jene Debatten über »Multikulturalismus«, die aus der Kritik eine affirmative Modellierung erlaubbarer »Authentizität« filtern.

Ist das geteilte, aber zuhörende Selbst, von dem Michael Walzer (1996: 111–135) spricht, nicht eine affirmative Antwort auf Foucaults Auflösung des überidentischen Subjekts? Und hat man nicht gesehen, wie Nietzsches und Henri Bergsons (1859–1941) Erkenntniskritik im affirmativen Gewand urislamischer Erkenntnisprinzipien zu neuem Leben verholfen wurde?[6] Wenn also die geistigen »faux amis« entlarvt werden sollen, dann schließt die Entlarvung auch den ontologisch aufgeladenen Marxismus Bourdieus ein. Nur im Bewußtsein des Spannungsfeldes zwischen Kritik und Affirmation geschehen jene »Historien«, auf die sich das kulturelle Konstruktionspotential der Moderne beruft. Vor dem Hintergrund der Spannungen, Transformationen und Reversionen zwischen Kritik und Affirmation, die der Diskurs der Moderne – insbesondere auch der soziologische – nationenübergreifend, kulturübergreifend geschaffen hat, sind die kompetitiv angelegten Konstruktionen der hegemonialen Vernunft zu analysieren. Es ist in diesem Zusammenhang an die Schärfe von Adornos Kritik des »falschen Bewußtseins« zu erinnern. Allerdings hat sich Adorno nicht auf die Unmittelbarkeit oder das »Genuine« berufen. Wie sehr ihm das Spannungsfeld zwischen Kritik und Affirmation, den Extrempolen der Konstruktion der kulturellen Moderne, bewußt war, wird am deutlichsten in seinen Darstellungen der verschiedenen Spielarten des akademischen Essentialismus, insbesondere aber derjenigen, die der moderne »Antisophismus« geboren hat (Adorno 1964: 40–44).

Die Unumgänglichkeit der Geschichte

Soziologie ist – nicht immer uneingestandenermaßen – eine geschichtssüchtige Wissenschaft, um so mehr als die globalisierte Welt sich heute auf völlig neue Weise wieder auf scheinbar irreduzible Sonderheiten der großen Kulturtraditionen geworfen sieht. Die unterschiedlichen Schicksale, die sich die als ›Kulturgeschichte‹ verstehende Weltgeschichte des 19. Jahrhunderts geschrieben hat, mochten für die soziologischen Gründungsväter, wie etwa Weber, Émile Durkheim (1858–1917) und Talcott Parsons (1902–1979), in ihren Beschreibungen moderner gesellschaftlicher Entwicklung und damit auch im Projekt der Soziologie noch als überwindbar oder gar als irrelevant gelten. Doch unterlag die Soziologie am Beginn ihrer Fachgeschichte den Herausforderungen der Überprüfbarkeit durch die Geschichtswissenschaft und wer noch vor wenigen Jahren an den alten Philosophischen Fakultäten als Soziologe promovieren wollte, sah sich dort oft schnell in den Sog der unerbittlichen Fachauseinandersetzungen über die Faktizität des Geschichtlichen und die Unbestimmtheit des Sozialen gezogen; Auseinandersetzungen, die heute schon selbst wieder in die Geschichtsbücher gehören.

Wie ambivalent der soziologische Umgang mit Geschichte auch sei, in den Begriffskonstruktionen der soziologischen Klassiker erhielt sich ein Rest jener vielleicht auch nur im Zeitgeist des *fin de siècle* liegenden Geschichtsträchtigkeit. Das idealtypisch erfaßte Neue, das mit dem Begriff der Gesellschaft sich andeutete, konnte nur aus einem ebenso idealtypisch verstandenen Gegenbild heraus erklärt werden, das tief in der Geschichte ruht, aus dem Bild der Gemeinschaft.[7] Bis heute wird das ›Gesellschaftliche‹ in dichotomisch gegenüberstehenden Polen begriffen, in denen sich meist unterschiedliche Lagerungen des Geschichtlichen widerspiegeln. Es wäre mühselig, die unterschiedlichen soziologischen Ausdrucksformen dieser Problematik im einzelnen aufzuzählen.[8]

Die zeitgenössische Soziologie versucht nun auf vielfältige Weise, sich von diesem Erbe ihrer Entstehungsgeschichte zu befreien. Fast könnte man meinen, gegen das herkömmliche bipolare Denken werde Gesellschaft nur noch auf die vorherrschende kommunikationstechnische Eindimensionalität hin bezogen, die der »systemlos Handelnde«, um ein Wort von Alain Touraine (1998: 129) aufzugreifen, verbreitet. So als sei sozialer Wandel auf eine isomorphe Gleichläufigkeit aus der Umsetzung von Ideen, Medien und Netzwerken und ihren Verkörperungen im gesellschaftlichen Prozeß zurückzuführen, gelten seit George Herbert Mead (1836–1931) Selbstbeschreibungen, die sich aus den Wechselbeziehungen mit dem »signifikanten Anderen« ergeben (vgl. Mead 1934), als das eigentliche gesellschaftliche Aktionspotential. Die Einführung des Begriffs der »Autopoiesis« in Niklas Luhmanns soziologischer Systemtheorie etwa könnte man als ein Anzeichen dafür sehen, wie sehr soziologische Theorie heute bemüht ist, die geschichtsnostalgische Überfrachtung des Gesellschaftsbegriffs abzuschütteln.

Auch die als kritische Selbstbetrachtung auftretende Soziologie, die die stillschweigende Gegenwart des ›Ursprungs‹ oder des ›Goldenen Zeitalters‹ im soziologischen Denken aufdeckt, kann nicht mehr leisten, als festzustellen, daß Nostalgie gesellschaftsbegreifend, ja gesellschaftsformend wirkt.[9] Weder kann der Pfad der Soziologie durch die Kritik des ihr unterliegenden nostalgischen Denkens in eine neue Richtung geführt werden, noch ergeben sich aus der bloßen Feststellung neuer Bedingungen der Globalisierung speziell neue Faktoren der Intensivierung des gesellschaftstheoretischen und des ›wirklichen‹ empirischen Zusammenhangs von Nostalgie und Gesellschaft (vgl. Stauth/Turner 1988: 27–59; Stauth 1993a: 75–85; Robertson 1992: 146–163).[10]

Gerade die von Touraine angezeigte Entdeckung des »Ich-Akteurs«[11] in der zeitgenössischen Soziologie[12] belebt die alte Frage nach den Konstitutionsbedingungen desselben neu. Die folgenden Betrachtungen gelten einem Plädoyer für die grundlegende und umfassende analytische Bedeutung der ›ideellen‹ und ›reellen‹ Wirkungsweise des nostalgischen Denkens im modernen Gesellschaftsprozeß. Der historische Dualismus in der Soziologie ist Bestandteil der Nationalstaatskultur und der durch sie vermittelten Bedürfnisse nach Authentizität; er ist Ausdruck des in ihr wirkenden genealogischen Denkens.[13] Doch auch der moderne »Ich-Akteur« ist in der Wirkungsgeschichte des Authentizitätsdenkens befangen, ist gewissermaßen ihr willkürlicher Gegenstand.[14] Hier liegt denn auch der Schlüssel zum Verständnis der Wirkungsgeschichte dieses nostalgischen Denkens selbst, noch bevor es überwunden werden kann. »Authentizität« setzt in diesem Spannungsfeld an: Gesellschaftliche Gestaltung und Erneuerung, die der »Ich-Akteur« betreibt, ist als ein Produkt nostalgischer Hinwendung zur Geschichte zu verstehen, auch und gerade da, wo es um Projekte der Überwindung der nostalgischen Überfrachtung der Moderne geht. So ergibt sich an den Angelpunkten der Wirkungen des modernen Authentizitätsdenkens eine neue Agenda soziologischer Selbstreflexion und Forschung.

Mythos und Utopie

Das allseitig beklagte Ende des utopischen Denkens ist mit der Vorstellung vom Ende des Denkens vom Ursprung auf das engste verknüpft. Der in den Debatten über Multikulturalismus eingeführte Begriff der »Authentizität« liegt jenseits von Utopie und Ursprung, fast könnte man behaupten, er bezeichne einen in der kulturübergreifenden Interaktion geborenen, aktuellen Gesellschaftszustand einer sich als Ganzes verstehenden Welt.

Soziologen wie etwa Edward Shils, Daniel Bell und Raymond Aron haben in Anlehnung an Karl Mannheim (1893–1947) den Ideologiebegriff – gewissermaßen in Umwandlung gelebter Religion – auf die Vorstellung einer »säkularen Religion«[15] hin, in der Ursprung und Utopie koinzidente Leitlinien darstellen, ausgelegt. Mit dem »Ende der Ideologie« in den modernen westlichen Industrieländern prognostizierten sie auch einen Niedergang des utopischen Denkens. Damit ist Hoffnung zwar als Prinzip gesellschaftlicher Konstitution aufgegeben, nicht aber die Aussicht auf und der Wille zum Wandel.

Zunächst einmal waren die im ›neuen Zeitalter‹, im ›New Age‹, sich zu orientieren Versuchenden auf im ›Mythos‹ identifizierte Urzustände der Menschheit geworfen.[16] In Deutschland die vom Neo-Romantizismus der »Kosmischen Runde« überschattete Lebensphilosophie und Ontologie[17] und in Frankreich die Post-Durkheim-Schule mit ihren biologischen und anthropologischen Visionen[18] zeichneten unterschiedliche, aber in der Denkrichtung parallele Urverfassungen des Menschlichen. Sigmund Freud (1856–1939) ging in die gleiche Richtung.[19] Hier wurden dem als *homo economicus* ›übervergesellschafteten‹ Menschen des Marxismus ein Bild der »Übervergesellschaftung« durch Instinktgeworfenheit, Naturreligion und Mythos entgegengestellt. Während in Frankreich die kulturelle Authentizitätssuche der Moderne noch politisch übergreifend in miteinander verbundenen linken wie rechten Intellektuellenzirkeln, hier gewissermaßen surrealistisch und dort biofundamentalistisch[20], betrieben wurden, beginnt man erst heute, etwa in den Schriften des jungen Adorno und Walter Benjamins, zu erkennen, daß die kosmische Lebensphilosophie und der Kritische Rationalismus der zwanziger Jahre in Deutschland keineswegs monolithisch getrennte oder einander entgegengesetzte Diskurse darstellten.[21] Daß Schriften wie »Vom kosmogonischen Eros« (1922) von Ludwig Klages (1872–1956), die noch absolut dualistische, ästhetisch-imaginäre Visionen der Moderne im Mythos begründen wollten, in ihren ›linken‹ Wirkungen unerkannt und fast aus dem Gedächtnis verschwunden sind, hat mit dem Bruch des Krieges und dem Neuanfang nach der totalen Niederlage in Deutschland zu tun.

Paradoxerweise wurden im europäischen »Ur-Sprungs«-Diskurs[22] moderne naturversöhnende Erkenntnisformen authentiziert, die faschistische Denkkonstruktionen legitimieren halfen. In Auschwitz und – in unterschiedlicher Form – in den Gulags des Realen Sozialismus kehrten die Ideologien der modernen Heilssuche sich in die Realität des Unheils um. Die Lehre von der »säkularen Religion«, die daraus zu ziehen war, kulminierte in der Erkenntnis, daß der moderne, naturmoralisch gesäuberte, jakobinische Utopismus zu einem inneren und deshalb unumgänglichen soteriologischen – ein das religiöse Erlösungsdenken substituierender – Apparat des politischen und sozialen Denkens geworden war.[23] Wollte man die menschheitsbedrohenden Potentiale, die sich in ihm verbergen, verhindern, so müssen Ursprungs- und Eigentlichkeitsdenken systematisch in ein Netzwerk der relativen Toleranz eingebettet werden. Die pragmatische Tradition des angelsächsischen Liberalismus stellte ein solches Netzwerk her. Sie schaffte einen Gegenpol zum modernen Ursprungsdenken.[24] Insofern sie »Ursprung« in »Recht auf Ursprung« verwandelt und das Ursprungsdenken des sektiererischen und heterodoxen Umfelds entkleidet, in dem es geboren wird, und indem sie der emergenten, dezentrierten Protestwelle den legitimen Ursprung ›zuweist‹, nimmt sie ihr die Schärfe und soziale Sprengkraft. Sie nimmt sie ernst und neutralisiert sie zugleich. Anerkennung wird allgemein verfügbar, die in der Suche nach Eigentlichkeit angelegte »Differenz« wird zurückgenommen. Diese Ambivalenz ist im modernen Liberalismus erst zur vollen Entfaltung gekommen, sie ist mit dem Begriff der Authentizität verknüpft.

»Authentizität« und Universalismus

Versucht man also, sich der soziologischen Bedeutung des Begriffs der »Authentizität« anzunähern, so gewinnt er seine gegenwärtige Aktualität aus der liberalistischen ›Reinigung‹[25] des Ursprungsdenkens.

Erst der Liberalismus entwickelte einen Begriff der authentischen Kultur, indem dem Anderen, der die politische Konstitution kultureller Authentizität betreibt, Anerkennung zu zollen ist, und doch zugleich die Allgemeinheit der Rechte des Individuums bestätigt werden. Die für das Zeitalter proklamierte kulturelle Autonomie bedarf jedoch des emanzipativen Instruments der Authentizität, und über die sozialen Wirkungen und moralischen Konsequenzen dieses Instruments liegen aber bis heute kaum Befunde vor. An der Oberfläche böten sich Begriffe wie »Balkanisierung« und »Afrikanisierung« an. Die zeitgenössische Moralphilosophie macht sie sich zu eigen und zielt auf einen Ausweg. Dieser hätte etwa nach Walzer unter der Re-Instituierung »›dünner‹ Bedingungen«[26] ein pluralistischer Demokratismus zu sein, der zugleich die Kategorie der kulturellen Differenz zu seinem Inhalt haben müßte (Walzer 1996). An den realen Konstitutionsprozessen von Differenz geht dieser Ansatz vorbei. Denn während der moralische Maximalismus erst die Regeln gewissermaßen durchpreßt, unter denen kulturelle Differenz und damit ›selbstbestimmte‹ Authentizität zum Emanzipationsinstrument wird, fordert der moralische Minimalismus nicht weniger zur maximalen Verdichtung des Authentischen heraus.

Von hier aus wäre natürlich zu hinterfragen, welche kulturellen ›Säuberungen‹ der (minimalistische) liberalistische Begriff der »Authentizität« selbst provoziert, und welche kulturellen und gesellschaftlichen Zustände hier geschaffen werden sollen. Denn man muß auch erkennen, daß dies nicht ohne Widersprüche vollzogen werden kann, die *camouflage*, in der jede Authentizitätssuche endet, wird plötzlich zum Imperativ gesellschaftlicher Existenz, der Kulturkampf zur geschichtlichen Notwendigkeit. Begriffsgeschichtlich fällt der liberalistische Kulturbegriff – wie zu zeigen sein wird – hinter die philosophische Kritik der Authentizität zurück.

Hermeneutik der Anerkennung

Für die in diesem Beitrag zur Diskussion stehende Diagnose, daß die Suche nach kultureller Authentizität die Gesellschaft verändert und daß kulturübergreifender Dialog enthistorisiertes Authentizitätsdenken erst hervorruft, gilt ein doppelt gelagerter Begriff von Authentizität: Er bezieht sich sowohl auf die im modernen Individualismus ruhende Frage nach der Einzigartigkeit der Person, als auch auf die im Entstehungszusammenhang moderner Nationalstaaten geborene Frage nach der Einzigartigkeit der in den einzelnen Volkskörpern ruhenden Kultur.

Charles Taylor (1997) kommt dieser doppelten Lagerung des Authentizitätsbegriffs am nächsten. Erst im Vernunftbegriff der Aufklärung konstituiert sich das Selbst als objektives, d.h. nicht mehr allein als logisches, sondern auch gesellschaftlich vermitteltes An-Sich-Sein. Individuelle Autonomie beruht darauf, daß man sich selbst gegenüber treu sein muß. Erst gegen die Fremdbestimmung, die das Hierarchische des Feudalismus dem Einzelnen auferlegte, und gegen den ihm unterliegenden Ehrbegriff bildet sich, gewissermaßen schon dialogisch, das Bedürfnis nach innerer Selbstbestimmung heraus. Daraus folgt, daß der ganze moderne humanistische Individualismusbegriff allein aus der Suche nach Eigentlichkeit erwächst, also auf anerkannter Identität basiert.[27] Die Vorstellung von der Unantastbarkeit menschlicher Würde und der Allgemeinheit der Rechte des Menschen kommt also ohne die Anerkennung der auf Eigentlichkeit beruhenden Differenz des Anderen nicht aus. Hieraus begründet Taylor im begrenzenden Rahmen der Politik der universellen Anerkennung der Würde des Menschen die Akzeptanz der Politik der Differenz. Taylor rechtfertigt gewissermaßen ursprungstheoretisch die Politik der Differenz aus dem in der Aufklärung geborenen Begriff der Universalität der Einzigartigkeit des Selbst. Es wird so demonstriert, wie aus der Entstehung des modernen Subjekts und der es versichernden Institutionen des Demokratismus sich eine Anerkennungspolitik der Ungleichheit rechtfertigen läßt, weil sie auf einem Begriff der Universalität der Einzigartigkeit des Selbst und der Kulturen beruht.

An diese elegante Lösungsform sind nun unter dem Gesichtspunkt der sozialen Wirkungsweise von Authentizität zwei Fragen zu richten, auf die Taylor und die Vertreter des pluralistischen Demokratismus und Kommunitarismus nicht eingehen:

1. Für die Sphäre der Entwicklung des modernen Selbst und der charakterlichen und mentalen Formung des modernen Menschen ist festzustellen, daß das, was das Eigentliche sei und worin sich die Einzigartigkeit des Individuums begründe, einer dauerhaften und zugleich destabilisierenden Ungewißheit unterliegt. An diesem Punkt der modernen Selbstkonstitution verlagert sich eine gewissermaßen säkulare Immanenz wieder in die Sphäre des Transzendenten. Wie zuvor schon Weber erkennt auch Taylor, daß die Heilsungewißheit des modernen Menschen sich gerade aus dessen dauerndem Heilsstreben ergebe. In Webers Perspektive der Genealogie der institutionellen »Sehnsucht« des modernen Menschen – gegen den nihilistischen Individualismus Nietzsches gerichtet – lag die unausweichliche Lösung im »stählernen Gehäuse« des modernen bürokratischen Charakters (vgl. Stauth/Turner 1986).

Das Lösungspotential der »Authentizität« liegt im Liberalismus, wenn man so will, zwischen Nietzsche und Weber, sie setzt ›Kritik‹ außer Kraft und bietet zugleich dem modernen Selbst innerweltliche Stabilisierungen und Routinisierungen an. Taylor zieht aus der moralischen Ungewißheit des protestantischen Projekts der Selbstemanzipation den Schluß einer unausweichlichen, quasi universellen Revolution des emanzipativen, selbstbegründeten Differenzdenkens. In der Vorstellung der Universalität des »Ich« – eine Prämisse, die wir so nicht gelten lassen können – leitet er ab, daß ganz im Sinne der affirmativen Konstitutionsbedingungen dieses »Ich« dem Drang nach performativen Zuschreibungen des Selbst stattzugeben sei. Da es universelle Begründungen des Eigentlichen nur als hegemoniale Interpretation gibt – am deutlichsten eben noch in dem als kosmisches Ereignis gedachten Urspung –, ist das, was das Eigentliche ist, erst das, was sich im Rahmen der modernen Selbstvergewisserung als solches repräsentiert. »Authentisch«, d.h. »Selbst«, ist man, wenn man sich als das Eigentliche repräsentiert. Das Gleichheitsprinzip des modernen Demokratismus setzt sich über eine neue Kulturtechnik durch: die Stabilisierung des Selbst in der Repräsentation des Eigentlichen. In der performativen Selbstreinigung liegt der Gewinn eines Authentizitätsbegriffs, der die Anerkennung kultureller Differenz in den Diskurs der Freiheit des Einzelnen und der Allgemeinheit der Menschenrechte einbringt.

Die Anerkennung des sich repräsentierenden Eigentlichen stellt also einerseits die simulative Repräsentationsarbeit in den Vordergrund, während sie andererseits selbst auf die ungewisse Arbeit der Differenzsuche ausgerichtet ist und gerade dabei möglicherweise im Grundsatz bereits bestehende Wertdifferenzen vertiefen muß. Dies wird insbesondere dann entscheidend, wenn man sich vergegenwärtigt, daß Taylors Anerkennungsprinzip sich aus einem protestantischen Begründungsprinzip des Individualismus herleitet.[28] Insbesondere etwa aus der Sicht des Islams, wo sich das handelnde Individuum auf eine Immanenz und Transzendenz unmittelbar verbindende Heilsgewißheit verlassen kann, kann Authentizität nicht als individuelle, sondern nur als kollektive »Differenz« gedacht werden. Die Ethik der Authentizität steht also nicht im Dienst des Selbst, sondern im Dienst der von Obligationen geleiteten Öffentlichkeit des Kollektivs.[29] Hier heißt Authentizität Aufforderung zur äußeren Repräsentation der religiösen Bedingung des Selbst. Taylor beschreibt hier den Übergang von der inneren zur äußeren Bedingung der Authentizität in Anlehnung an Herders »Ideen« sehr anschaulich (Taylor 1997: 19ff.). Bevor wir jedoch auf die Schwierigkeiten eingehen, Taylors Authentizitätsbegriff auf den Austausch mit nicht-westlichen Kulturen zu beziehen, bedarf es weiterer Hinführungen zur Bedeutung des Authentizitätsbegriffs in kulturübergreifender Forschung.

2. In bezug auf den Zusammenhang von Religion und Öffentlichkeit wird heute von der religiösen und ethischen Besonderheit des europäischen Entwicklungswegs gesprochen (Casanova 1994). Das bezieht sich auf jenen – darauf muß man hier schon hinweisen: von Foucault bestrittenen – Komplex der vor allem christlich-protestantisch bestimmten Konstitution des Individualismus, auf den sich auch Taylor bezieht, wie wir oben gesehen haben. Insbesondere in der Entwicklung der Authentizität auf die Bedürfnisse des sich selbst findenden Subjekts hin wird der Wert des Öffentlichen für dieses Subjekt untergraben. Das Öffentliche wird des Trugs und der Lüge verdächtigt. Dies zeigt auch Taylor,

wenn er sehr wohl erkennt, daß das Subjekt mit der »Idee der Authentizität« schon seine »soziale Selbstbestimmung« untergräbt (Taylor 1997: 21).[30] Dagegen ließe sich, wie José Casanova es tut, für die nicht-europäische Welt ein Begriff der »öffentlichen Religion« verallgemeinern. Über die 1836 erschienene Schrift »Über die Demokratie in Amerika« des Alexis de Toqueville (1959) vermittelt sich für die USA natürlich ein anderes Bild der öffentlichen Wirkung von Religion als im Islam, im Katholizismus etc.

Es bleibt allerdings unverständlich, wie der Begriff der »öffentlichen Religion«, wenn er sich denn auch auf das Amerika Tocquevilles bezieht, der Authentizität des modernen Ich-Akteurs verpflichtet bleiben kann. Mehr noch, er ist auch ohne den holistischen Begriff des Sozialen nicht denkbar. Im ›Mischwarenladen‹ von Taylors Multikulturalismus geht es aber um ein (universelles, modernes) »Ich« und zugleich um das Zusammenspiel einer Vielfalt anerkannter »öffentlicher Religionen«, denn nur eine »öffentliche Religion« kann zur anerkannten Religion werden. Hier soll etwas harmonieren, das so nicht zusammenpaßt. Denn der nichteuropäische Holismus – das von Louis Dumont (1983) für den Fall Indien beispielhaft übermittelte Prinzip des Holismus – ist ein über die Allgemeinheit der menschlichen Würde hinausreichendes, eher auf der Allgemeinheit des Kreatürlichen des Menschen bauendes Prinzip der Hierarchie, das über eine symbolische Erhöhung des Geächteten diesen wieder in den gesellschaftlichen Prozeß integriert. Über diese symbolische Integration des Geächteten vollzieht sich dann die Ganzheit der ›heiligen‹ menschlichen Ordnung. Im Islam ist es nicht der einzelne, ganz persönlich Geächtete, der erst durch das Martyrium von der Peripherie ins Zentrum des soteriologischen Wertesymbolismus gerät, sondern der durch richtige und ›schöne‹ Lebensweise führende Prophet – man vergesse für Indien nicht das Kollektiv der Außenseiter und Geächteten als ›Heilige‹.

In holistisch gegründeten Gesellschaften herrscht ein völlig anderes Toleranzdenken. Der Holismus basiert so in quasi das Ganze der Gesellschaft betreffender Weise auf dem Prinzip der symbolischen Anerkennung des Anderen. Dagegen ächtet die Ordnung des Individualismus den Nicht-Ich-Gleichen, den Nicht-Ich-gleich-Geläuterten definitiv. Die Universalisierung des individualistischen »Anerkennungsdenkens«, wenn man sie sich auf Basis des Problems der ungewissen Einzigartigkeit des Individuums vorstellt, ist unter diesem Aspekt ein völlig unmögliches Unterfangen. In jenen drei Fällen – im Martyrium des Außenseiters Christus, im Karma der als Kaste kollektiv Geächteten und im Sieg des ›schönen‹, des lächelnden Propheten, dessen Gesicht nicht erscheinen darf, weil die Schrift Gottes schönste Sprache ist und absolut – sind unterschiedliche Formen im Umgang mit dem Problem gesellschaftlicher Hierarchie und Gleichheit vorgegeben. Auch dies hat Dumont deutlich erkannt, daß der moderne Demokratismus ohne das Martyrium des Zentrums (Christus) nicht denkbar ist.[31] In einer Kultur, in der das Zentrum nicht durch das Martyrium fortlebt, sondern in der Affirmität des gelebten Schönen – Lebenskraft oder Hierarchie –, stellt sich die Ordnungsfrage im Prinzip nie unter dem Gesichtspunkt der Gleichheit, sondern nur unter dem Gesichtspunkt der »Anerkennung« des Spezifischen, und damit auch der »Anerkennung« der Vielfalt der von Geburt her vorgegebenen oder faktisch gelebten Lebensschicksale. Rettung und Erlösung des Einzelnen verspricht hier nur die sich selbst begrenzende Konvention, auf der der Zusammenhalt des Ganzen beruht. Es gilt hier keine im Martyrium symbolisierte Wertvertiefung des Einzelnen, sondern nur die nackte, überprüfbare, ›öffentliche‹ Befolgung der Regeln und Obligationen. Der simulative Formalismus wird als »wesentlich« gesetzt, das »Wesentliche« selbst aber ins Jenseits verbannt. Differenz ist von sich aus werthierarchisch gegeben. Kann man unter solchen Gesichtspunkten von einem dialogisch universell sich entfaltenden, pluralistischen Demokratismus sprechen?

Mit anderen Worten: Die Anerkennungsethik, auf die Taylor abzielt, ist eine christliche, ist ›westlich‹ gesetzt, sie trifft auf Kulturen, die die auf der Würde des Einzelnen gegründete Anerkennungsethik nicht kennen und nicht anerkennen. Sie gibt vor, auf das »Wesen« zu verzichten, wo sie doch die »Erfindung des Wesens« erst fördert. Unter dem Gesichtspunkt der dialogischen Hegemonie sind die ›nichtwestlichen‹ anderen Menschen von heute jedoch gezwungen, sich im Rahmen der ›allgemeinen‹ Anerkennungsethik zu entfalten und zu gestalten. Wie? Wohin? Hierin liegt die eigentliche Problematik der Wirkungsweise der »Authentizität« unter Bedingungen der kulturellen Globalisierung.

Kritik zwischen Aufklärung und Gegenaufklärung

Wäre es wirklich ein Schritt weiter gedacht, wenn man von den Widersprüchen der modernen Anerkennungsethik ausgehend Nietzsches Kritik der modernen Instrumentalisierung des Authentizitätsdenkens verschärfend aufgreift? Könnte man von der Affirmation der »Kritik«, nämlich der Bestätigung der *bricolage*, der instrumentellen Überlistung des Mythos zum Zwecke der Selbstrettung vor dem sozialen Totalismus, könnte man also vom Thema der »Dialektik der Aufklärung« (Horkheimer/Adorno 1947) neue Anregungen zur Analyse kulturübergreifender Diskurse der Authentizität erhalten? Der pragmatische Weg der Kritik hat zuerst noch die Vielfalt der modernen Mythen selbst zum Gegenstand.

Nietzsche schreibt: »Große Ideen sind Ereignisse« (1980a: 232). Wirklich große Ideen und deshalb auch große Ereignisse sind Ursprungsideen, die aus dem Zentrum der transzendenten Sphäre her erklärt werden. Nietzsche hat das »Ursprungsdenken« als instrumentelle Dimension der modernen Selbstversicherung hinterfragt. Kaum ein Denker hat die philosophische Authentizitätsfrage für sich selbst, für sein eigenes Leben, mit mehr Unerbittlichkeit gestellt als Nietzsche. Das Ereignis Nietzsche, die Revolution Nietzsches, ist also nicht nur die »Genealogie der Moral«, die Lebensinteresse und Ursprungsdenken in einen perspektivischen Zusammenhang stellt, sondern auch der in seinem Leben angelegte Nihilismus der Absolutsetzung des Authentischen: Einen Weg suchend, wie Wissenschaft dem Leben nützen könne, sprengte er sein »authentisches« Ich, opferte er sein Leben der Suche nach dem Authentischen. Dies läßt sich mit irrational gewordener Reflexivität der Moderne nicht einholen. Der »Rationalität« der Authentizitätssuche steht prinzipiell und grundsätzlich überall die »Irrationalität« ihrer Wirkung entgegen. So könnte man die Bedeutung des Ereignisses Nietzsche umschreiben.

Wie unausweichlich »Ursprung« und »Mythos« sind – jedenfalls nicht so einfach mit der List der interessierten Vernunft zu übertölpeln –, zeigt sich hin und wieder im Leben selbst, jedenfalls dann, wenn »Ideen« zu Leben gemacht werden. Ganz im Sinne eines solchen Nietzsche'schen Ereignisses hat Foucault die Islamische Revolution im Iran nicht nur begrüßt, sondern sie auch zum Anliegen einer ganz intrinsischen Form der Analyse gemacht. Dies ist zu konstatieren, auch wenn heute, wie schon 1979 in Paris, im Zeichen der Rettung Foucaults für die Neo-Aufklärung der philosophische Grund dieses Unterfangens unterdrückt bzw. in eine für das Foucaultsche Werk marginale Fehlprognose umgedeutet wurde und wird.[32] 1979 fand im Iran eine Revolution im Namen der Religion statt. Für das aufgeklärte Intellektuellentum war dies eine Verkehrung des modernen Revolutionsbegriffs (es ging auch, aber nicht unmittelbar und programmatisch, um das »historische Subjekt« einer unterdrückten Klasse, es ging vor allem um unterdrückte »authentische« Kultur); ihm war dies eine Verkehrung des modernen Religionsbegriffs (es ging nicht, aber auch um die bloße Instrumentalisierung der Religion, es ging vor allem um das spirituelle Massenereignis, die Verkörperung religiöser Ideen).

Foucault machte die Koinzidenz der massenhaften Aneignung einer »Idee« und der Potentialität einer neuen politischen Spiritualiät ›von unten‹ zum Thema dieser Revolution. Über die »Mythos-Politik« der Moderne hatte Foucault zur Genüge aus den Debatten des Collège de Sociologie gelernt und auch von der Revolte gegen die modernen ›Inquisitionen‹. Hier sind die Einflüsse von Jules Monnerot, von Georges Bataille, Georges Dumézil und Henri Corbin spürbar, und auch diejenigen von dem führenden Theoretiker der islamischen Mystik, Louis Massignion. Foucault nahm die iranische Revolution als Anzeichen der Rückkehr der Religion in die Politik – kann man sagen als Realisierung des Problems der »politischen Theologie«, an dem die deutsche und die französische Rechte über den Faschismus hinweg arbeitete? – und er nahm sie als Ausdruck einer neuen, fast körperlichen Kulturbewußtheit der Massen, als ein in der revolutionären Anwendung ›von unten‹ geläutertes Ursprungsdenken, als Ende der ›Leere‹ strategischer Instrumentalität. Konnte von diesem Ereignis eine Lehre über die Sprengkraft spiritueller Besessenheit und über die Reglungsmacht ideenbesessener Körper gewonnen werden? In den Interviews im Iran wurde Foucault nur schrittweise deutlich, wie sehr ihn die Vorstellung von einer Kultur der Nicht-Immanenz selbst trog. In dem, wie sich die Dinge entfalteten, wurde seine eigene Perzeption von ihnen zunehmend widerlegt. In Paris stieß Foucault auf harte Kritik und

Unverständnis unter Kollegen und Freunden. Die »Idee« der iranischen Revolution wurde aufgegeben. Das moral-philosophische Problem, das sie signalisierte und aktualisierte, blieb – auch als Idee.[33]

Wollte man an die Begrifflichkeit der modernistischen Soziologen anknüpfen, müßte man behaupten, die »säkulare Religion« hätte sich in der iranischen Revolution wieder ihres religiösen Kerns bemächtigt. Im Sinne Nietzsches bedeutet dies eine Wiederholung des Ursprünglichen. Solche »Ereignisse« lassen sich mit der Vorstellung von der »irrational« gewordenen Reflexivität der Moderne nur schwer umschreiben.

Wenn Geschichte als Wissenschaft dem Leben nützen soll, so bleibt die Frage, welche Wirkungen die Aneignung von Geschichte hervorbringt. Wer Geschichte »nutzen« will, kann nicht objektiv, nicht »überhistorisch« sein, und doch »durch die Wissenschaft, durch die Forderung, daß Historie Wissenschaft sein soll« (Nietzsche 1980b: 271), werden die ›Grenzpfähle‹ eingerissen, die das interessierte Leben noch bändigend dem »Wissen um die Vergangenheit« auferlegt. Wissenschaft selbst verschiebt »alle Perspektiven«. Nietzsche fragt nach diesem Grenzenlosen der Wissenschaft, wo sie aus dem Christentum kommt zum Beispiel und sich in Bibelwissenschaft und Theologie etwa selbst als »authentische« Religion gibt, sich selbst »in reines Wissen um das Christentum auflöst« (ebenda: 279). Hier gewinnt der Begriff des »Authentischen« eine den pragmatischen Kontext des Liberalismus völlig überspringende Dimension. Die Geburt des »Authentischen« bedarf, wenn nicht überhaupt und grundsätzlich, doch der »halb erzwungenen« Klandestinität. Das Produkt der Bestimmung des Authentischen, das affirmierte »Ich«, wird von seinem klandestinen, heterodoxen »Ursprung« her selbst der Kritik unterzogen. Was bleibt, ist *camouflage*. Nietzsches Kritik am Liberalismus setzt hier an: »Woran sollen wir denken?«, wenn das Wissen um den Ursprung negiert und sein »Stachel« nicht mehr gegen sich selbst gekehrt werden kann? (ebenda: 306). Foucault nimmt Nietzsches Beobachtungen über ›große‹ Geschichte aus der Nußschalperspektive der ›kleinen Dinge‹ und des Körpers ernst; die Mikro-Aneignungen und die kleinen Wahrheiten der ›großen‹ Ideen werden selbst zu geschichtlichen Mächten.[34] Foucaults vorsichtige Annäherung an die Vorstellung einer entinstitutionalisierten oder post-institutionellen Gesellschaft ist in eigenartiger Weise an die Verdopplung verlorener Erfahrung, an »historische Verdopplung« (Foucault 1988: 79) geknüpft. Denn erst die »Abwesenheit des souveränen Subjekts« scheint intersubjektiv bestimmte Subjektivität möglich zu machen (ebenda: 79f.). Wer die Fährten auf die individuellen und subindividuellen Spuren setzt, muß erkennen, daß das »Ich« in »Leib und Geschichte« (ebenda) – als Körper und als Idee – sich seine Identität und Kohärenz erfindet, vor allem aber erst da, wo es sich als Leben, als gutes, als endliches Leben nicht genug sein kann. Der »Genealoge« zieht hieraus die Verpflichtung, sich »auf die Suche nach dem Anfang« zu machen – nach den unzähligen Anfängen. Und es ist dieser Weg, auf dem »die Analyse der Herkunft [...] zur Auflösung des Ich« führt (vgl. Foucault 1987: 73f.).

Die Wiederentdeckung Nietzsches relativiert den bis dahin vorherrschenden ontologischen Geschichtsbegriff. Gegen oder durch den im Historismus bis zur äußersten und alles auflösenden Konsequenz getriebenen Blick zurück zum Ursprung, gegen die Vorstellung von einem im Ursprung gründenden Wesen geschichtlicher Entwicklung, widmet Foucault die ganze Aufmerksamkeit den Umständen und Bedingungen von Herkunft, Entstehen und Überleben, dem »Ereignis der Idee« und dem Prozeß ihrer gesellschaftlichen Aneignung. Der über das »Ereignis« aktualisierte historische Kontext tritt ins Zentrum der Betrachtung, die historische ›Wirklichkeit‹ wird selbst zu einem Appendix der diskursiv emergenten »Idee«. Seit Foucault, der Nietzsches »Monstrosität« zu entkommen sucht[35], gelten »historische Realität«, »institutionelle Macht« und »Erkenntnissubjekt« nicht mehr als geschlossene Untersuchungsfelder der »Historie«. Foucault löst den Begriff der Macht aus seiner Bindung an Person oder Institution, den Begriff der Geschichte aus dem natürlichen Zusammenhang zur Wirklichkeit und historischen Faktizität heraus, und denjenigen des Subjekts aus der Geschlossenheit der erkennenden Selbstvergewisserung. Mit der Diskursanalyse wird der »Isomorphismus« zum Instrument der Erledigung des vorherrschenden, ontologisch gefärbten, modernen »Essentialismus«. Die wesensbestimmte, in der Vorstellung der natürlichen Korrespondenz zwischen Vorstellung und Wirklichkeit gegründete Partikularität der

Dinge wird durch die Vorstellung von der Gleichzeitigkeit von Idee und Struktur ersetzt.

Die universelle Aktualisierung dieses Zusammenlaufens von Idee und Struktur entspräche einem besonderen Feld, in dem »Authentizität« auf den Prüfstand zu stellen wäre. Doch zuvor ist die Frage zu stellen: Kann die genealogische Soziologie aus dem modernen Essentialismus herausspringen?

»Authentizität« und das Ende des Essentialismus

In allem, was bisher gesagt wurde, wird deutlich, daß eine ganz entscheidende Frage in der Auseinandersetzung um »Authentizität« die Bewertung der Grundlagen der westlichen Zivilisation darstellt. Entscheidend dabei ist die Einschätzung der Wertkonstruktionen, die das Christentum mit sich brachte. Es ist dies die das 19. Jahrhundert beherrschende Frage nach der Rolle des Christentums in bezug auf historische Kontinuität oder Bruch mit der Geschichte. Kann das Christentum eine versöhnende Kontinuität der menschlichen Zivilisation in Natur und Kultur gewährleisten, oder ist es für den reflexiven und aktiven, am Ende krisenhaften Bruch mit der Geschichte verantwortlich zu machen? Entscheidende Wertungen in dieser Frage gründen im »Arianismus« der Romantik, wie überhaupt in der »Hellenomanie« des 19. Jahrhunderts, im »Orientalismus«, wie in der Überwindung des Orients (Amin 1988: 90ff.).

Die ganze Frage ist: Was soll mit dem Rückzug auf die ›Grundlagen‹ in der Antike gewonnen werden? Kontinuitätsdenken? Ungebrochenheit der westlichen Genealogie des Selbst? Wie deutlich schon in der Antike der Bruch mit dem Orient vollzogen wird, dafür stehen die Kreuze, die in Rom gegen das aus dem Osten kommende Christentum errichtet wurden; sie stehen aber auch für eine andere, eine ausgelagerte »orientalische« Kontinuität, die sich später im Islam eine neue Bahn brechen soll.[36]

Foucaults Frage nach der Zivilisation der Zukunft setzt an der Frage nach dem Entstehen der modernen Sexualethik an. Er will die »Vorstellung, die man sich gewöhnlich von einer christlichen Sexualethik macht« (Foucault 1984a: 25) dekonstruieren. Er behauptet, daß sie »einer gründlichen Revision bedarf, und daß die zentrale Frage der Onanie einen anderen Ursprung hat als die Kampagne der Ärzte im 18. und 19. Jahrhundert« (ebenda). Damit sucht Foucault selbst einen Ausweg aus der seit Weber und Ernst Troeltsch (1865–1923) bekannten Protestantismus-Problematik. »Christliche Sexualmoral« und die Formen, ihr zu entfliehen, gelten ihm nicht als ein im Kern erst im modernen innerweltlichen Asketismus angelegtes Problem. In der Untersuchung uralter antiker Texte will Foucault belegen, wie wenig »christliche Sexualmoral« oder »jüdisch-christliche Moral« in kohärenter Weise das »abendländische« Sexualverhalten betreffen. Foucault weist auf Brüche und komplexe Theorieentwicklungen zwischen der hellenistischen und der frühchristlichen, schließlich von Augustinus bestimmten Zeit: »Ein paar der wichtigsten sind leicht zu erkennen: etwa die allmähliche Entfaltung eines stoisch-zynischen Bewußtseins in der Organisation des Mönchwesens. Viele andere wiederum sind nicht zu entziffern. Dagegen ist vom Anfang einer genuin christlichen Sexualmoral, die sich von der vorausgegangenen massiv unterscheide, kaum etwas zu bemerken. Wie P. Brown sagt: Hinsichtlich des Christentums läßt sich bei der Erkundung des Gebirgszugs der Antike die Wasserscheide nur schwer bestimmen« (Foucault 1984a: 38). Kann Foucault aber die genealogische Perspektive noch glaubwürdig vertreten, wenn er nun Nietzsches Entlarvung der christlichen Ich-Moral in eine programmatische Erklärung ›positiv‹ zum Universalismus der Ich-Konstitution hin transformiert? Nicht der diesseitig orientierte, rational-instrumentelle »Asketismus« tritt so als Grundvoraussetzung der modernen Ich-Konstitution ins Blickfeld, sondern er tut dies nur insoweit, wie »Asketismus« selbst zu einem spezifischen Fall der ›Technologien des Selbst‹ wird, aus deren allgemeiner, geradezu universeller Bedeutung sich nun ein völlig neuer genealogischer Zusammenhang erschließt. »Techniken des Selbst, glaube ich, können in allen Kulturen in unterschiedlichen Formen gefunden werden« (Foucault 1984b: 369; Übersetzung des Verfassers).[37]

Hier tritt Foucault nun selbst aus dem kritisch-genealogischen Denken heraus und wird zu einem ganz konventionellen, essentialistischen Genealogen.[38] Den Angelpunkt der moralischen Verunsicherung des Selbst und der darin begründeten selbsttechnologischen »Transgressionen« – bei Nietzsche noch in die Paradoxien des christlichen Liebesbegriffs gesetzt – sieht Foucault im Gegensatz zwischen der stoischen und vorstoischen Moral des schönen und guten Lebens – Foucault spricht von einer ästhetischen Existenz – und in einer Moral der Reinheit sich zunehmend entfalten und schließlich aus den pythagoräischen und neoplatonischen Schulen sich im christlichen Asketismus zunehmend durchsetzend.[39] Die Frage ist natürlich nicht, ob Nietzsche ›recht hatte‹ oder nicht. Foucault kann nur die Anstöße aufnehmen und Nietzsches Vorsokratismus und Anti-Christ in ein neues Bild der Spannung zwischen einer vorchristlichen, asketischen Ästhetik des Lebens und asketischen Formen der purifizierenden Selbstverneinung als Selbstbewahrheitung umsetzen.[40]

Man könnte also am Beispiel Foucaults selbst studieren, wie theoriesprengend und theoriebildend zugleich moralphilosophisches Authentizitätsdenken gerade in der Behauptung neuer »Perspektiven« und Standpunkte der Rückschau wirken kann.

»Authentizität« und Legitimität

Ein entscheidender Zusammenhang der modernen Wirkungsgeschichte von »Authentizität« ist mit dem Begriff der Legitimität verbunden. Weber, wir erinnern uns, unterschied zwischen verschiedenen Formen der Legitimität: Vernunft, Tradition und Charisma. »Authentizität« nimmt dagegen den Legitimitätsbegriff aus dem unmittelbaren Bestimmungszusammenhang legitimer Herrschaftsformen heraus. Das Paradoxe ist, daß der Begriff des »Authentischen« in der oben entwickelten doppelten Bedeutung, die in der postkolonialen Kultur des Selbst liegt, auf die stufenweise Ablösung nationalstaatlicher Macht und institutioneller Herrschaft im herkömmlichen Sinne zielt.[41]

Liberalismus kommt auf zwei Ebenen der fundamentalistischen Position der »Authentizität« entgegen: 1. Wo er Legitimität ausschließlich in den Herrschaftszusammenhang westlicher Dominanz stellt, sucht er materiale säkulare Wertrationalität zu universalisieren. Die Menschenrechte und die auf ihr basierenden Regulierungen und Rechtsnormen werden in einen fundamental rationalistischen Zusammenhang gestellt. »Authentizität« wird so tendenziell als rationaler Fundamentalismus verstanden, der die notwendige moderne Motorik, die individuellen und institutionellen Vorbedingungen in die nicht-westlichen Kulturen trägt. In diese Richtung hat etwa noch Gellner (1992) das Phänomen des islamischen Fundamentalismus interpretiert. 2. Liberalismus weist nicht-westlicher Kultur aus seiner eigenen Entwicklungsgeschichte Repräsentationsmöglichkeiten zu, die gewissermaßen die fundamentalistische Selbstperzeption erst bewirken. Im Anerkennungsdiskurs erscheint innerer und äußerer Fundamentalismus als die entscheidende ›legitime‹ Form der Repräsentation.

Die Hermeneutik des Authentizitätsbegriffs der Aufklärung bringt einen anderen Denkansatz ins Spiel. Es wird versucht, an den moralischen Grundlagen des gleichen, allgemeinen, modernen Subjekts anzusetzen. Kulturelle Differenz, gewissermaßen weiterhin ontologisch bestimmt, gilt nur als dialogisches Umfeld der Authentizitätsbildung und des allgemeinen Begriffs der Würde des Einzelnen. Die politische Philosophie der Freiheit erfährt so in Anerkennung kultureller Differenz eine Einschränkung.

Die soziologische Umsetzung dieser Diskurse hätte nun nicht nur die Widersprüche und Gegensätze dieser Denkansätze aufzuarbeiten, sondern auch ein Forschungsprogramm zur Analyse der gesellschaftlichen Wirkungen von »Authentizität« zu entwickeln.

Primordialität und Zivilisation

Da der Begriff der Religion nicht ohne den Begriff des Heidentums und des Mythos auskommt, ist es geradezu verblüffend zu sehen, wie die Freudsche Kritik der Religion auf diesen Gegenpol der Urwelt des Mythos rekurriert, um einen von mentalen Beschädigungen befreiten Fortgang der Zivilisation vorzustellen. Es ist richtig, davon auszugehen, daß sich der Religionsbegriff bei Freud von »Die ›kulturelle‹ Sexualmoral und die moderne Nervosität« (1908) über »Die Zukunft einer Illusion« (1927) und »Das Unbehagen an der Kultur« (1929) bis hin zur Moses-Studie, »Der Mann Moses und die monotheistische Religion« (1939), gerade hinsichtlich der Einschätzung der funktionalen Bedeutung der Religion für den Prozeß der Zivilisation gewandelt hat. Es geht hier jedoch nicht um Freud-Philologie und den grundlegenden Ansatz Freuds. Freuds Fragestellung nach den menschlichen und psychologischen Wirkungen der Religion, die Suche nach der Überwindung der Religion und das Erreichen eines Zustands der absoluten Stärke des auf Sublimierung und Triebverzicht basierenden intellektuellen Lebens, sind Themen, die den Diskurs der Moderne durchgängig geprägt haben.

An einer entscheidenden Stelle des in »Die Zukunft einer Illusion« (1927/1955) entwickelten Streitgesprächs über Religion beharrt Freuds fiktiver argumentativer Gegner auch für eine zukünftige Zivilisation darauf, daß das »religiöse Lehrsystem als Grundlage der Erziehung des menschlichen Zusammenlebens« (ebenda: 375) erhalten werden soll. Der Gegner behauptet, daß, obwohl das religiöse System durchaus als eine »Illusion« zu betrachten sei, es »gerade wegen seiner wunscherfüllenden und tröstenden Kraft« aber ein wichtiges Element der Stabilisierung und des Erhalts unserer Zivilisation bleibe (ebenda). Darüber hinaus stelle das religiöse System aber auch einen Corpus von Ideen dar, der selbst auf intellektuelle Verfeinerung und Sublimierung gerichtet sei, und so eben auch auf die Zurückweisung aller Spuren primitiven und infantilen Denkens, die es einst in sich trug. Wissenschaft habe dem nichts entgegenzusetzen, noch sei sie in der Lage, Religion zu widerlegen. Bei der Religion handele es sich eben um eine Ideenwelt, die das gemeinsame Band zwischen den ungebildeten Massen und den philosophischen Denkern erhalte. Auch hier ergebe sich eine zivilisationserhaltende Funktion der Religion.[42]

Freud hat dagegen wenig Argumente parat. Er weist nur auf den doktrinären, starren Charakter der religiösen Ideen hin und behauptet, daß sie nicht geeignet seien, Korrekturen und damit gesellschaftlichen Wandel zuzulassen (ebenda: 376f.).

Die gegenwärtige Situation der Zivilisation beruhe auf einem Akt der Einschüchterung und Entmündigung des Intellekts durch die Religion, sagt Freud – ein Nietzsche-Argument der Unterdrückung der »freien Geister«. Man folge den Vorschriften der Zivilisation nicht aufgrund eigener Einsicht, eigenen Denkens, eigener Arbeit, man folge, weil man von der Religion bedroht werde und weil man Angst habe. Religion ist – so könnte man Freuds Auslassungen deuten – das Instrument der Herdenmoral der modernen Zivilisation, die es zu überwinden gilt.

Nach Freud kann Religion durchaus auch auf der Seite der Entfaltung des instinktiven Charakters der Menschheit stehen, denn die gütige Macht der göttlichen Vorsehung mildere die Angst vor den Gefahren des Lebens. Die in der Religion geborgene Vorstellung von einer moralischen Weltordnung sichere die Erfüllung der Forderung nach Gerechtigkeit. Die Idee der Verlängerung der irdischen Existenz in einem zukünftigen Leben sorge für den lokalen und zeitlichen Rahmen, in dem diese Wunscherfüllungen vor sich gehen sollen (ebenda: 352f.). Die Urfragen der Menschheit über den Ursprung des Universums oder über das Verhältnis zwischen Körper und Seele werden mittels der dem religiösen System unterliegenden Annahmen beantwortet. Darin begründet Freud sodann aber auch den Begriff der Religion als eine Illusion, die sich ganz auf menschliche Hoffnungen und Wünsche gründet: »Wir heißen einen Glauben eine Illusion, wenn sich in seiner Motivierung die Wunscherfüllung vordrängt, und sehen dabei von seinem Verhältnis zur Wirklichkeit ab, ebenso wie die Illusion selbst auf ihre Beglaubigungen verzichtet« (Freud 1927/1955: 354).

Die Authentizität religiöser Überlieferungen und Glaubensgrundsätze ist das heikelste und interessanteste Thema der Freudschen Auseinandersetzungen mit der Religion, und es ist naheliegend, sie mit denen der Wissenschaft, an die Freud so sehr glaubt, zu vergleichen. Die unterliegenden doktrinären Grundannahmen der Religion lauten: 1. Glaubensgrundsätze sind richtig, weil sie uns von den Urvätern überliefert sind. 2. gibt es durchaus auch die Beweise, die aus derselben Urzeit auf uns gekommen sind. 3. verbietet Religion alle weiteren Fragen nach der Authentizität der Doktrinen und Urvisionen (ebenda: 348).

Von dieser Feststellung ausgehend, fragt Freud nach einer Überwindung der religiösen Instinkte durch die Vernunft und zugleich danach, ob denn wirklich die innere Natur des Menschen auf eine Bevorzugung der Triebe vor der Vernunft angelegt sei.[43] Er sucht nach einem Weg, die repressiven Elemente der Unwissenheit und stummen Folgsamkeit der Religion durch rationale Akte des Intellekts zu überwinden. Pate steht dabei eine stillschweigend unterstellte, vernunftgeborene Reinheit der vorreligiösen Triebstruktur des Menschen (ebenda: 365). Freud greift zu einer periodisierenden Analogie: Wie die Religion den Mythos, so möge die Wissenschaft die Religion überwinden; in Analogie zur Kindheitsentwicklung werde der Durchbruch der wahren Triebstruktur der Menschen gegen die neurotische Phase der Religion in der ›Morgenröte‹ der Menschheitsentwicklung zur wissenschaftlich begründeten Zivilisation gefeiert (ebenda: 363ff.). Es wird hier nicht offen in diese Richtung argumentiert, aber die Frage ist, ob nicht im Argumentationsgang Freuds hier eine das 19. Jahrhundert beherrschende Denkfigur von im (hellenischen) Mythos begründeten Urformen wissenschaftlichen Denkens zum Tragen kommt. Die Forderung nach der Überwindung, ja, Abschaffung der Religion scheint auch hier erst im Authentizitätsdenken ihren Wahrheitsgehalt zu suchen.

Genealogien der nicht-westlichen Emanzipation

Die Herausforderungen des modernen Authentizitätsdenkens haben zunächst die im Schatten von Frantz Fanon stehenden Sozialwissenschaftler in der Dritten Welt erfahren. Wie ist die »Verselbstung« der Kolonialgeschichte zu verstehen? Wie die Abgründe Europas? Jean-Paul Sartre (1905–1980) zitiert im Vorwort zu Fanons »Die Verdammten dieser Erde« die Stimme eines afrikanischen Intellektuellen aus dem Jahre 1961. Obwohl solche Stimmen heute weitgehend verpönt sind, tut man gut daran, sie sich noch einmal ins Gedächtnis zu rufen: »Verlieren wir keine Zeit mit sterilen Litaneien oder ekelhafter Nachäfferei. Verlassen wir dieses Europa, das nicht aufhört, vom Menschen zu reden, und ihn dabei niedermetzelt, wo es ihn trifft, an allen Ecken seiner eignen Straßen, an allen Ecken der Welt. Ganze Jahrhunderte lang [...] hat es im Namen eines angeblichen ›geistigen Abenteuers‹ fast die gesamte Menschheit erstickt« (Fanon 1966: 8).

Eine Heerschar junger ›europäischer‹ Soziologen hat sich damals auf den Weg gemacht, die »authentischen« Verdammten Europas in den »Drei Kontinenten« aufzusuchen, die Stimme als das neue »Gewissen Europas« im Namen jener Subalternen, die weniger als ihr Leben zu fristen hatten, zu erheben, ihre Kultur, ihre Lebensbedingungen zu studieren und das alltägliche Bewußtsein gegen klassische Formen der Exotisierung mit ihrer Präsenz zu schärfen (Andere wollten die ›befreiten Dörfer‹ des Vietkong in den europäischen Städten wiedererrichten). Das Erstaunliche an Fanon war, daß scheinbar gegen die Vorstellung des verinnerlichten, erniedrigenden Selbstbilds des Unterworfenen nur noch Gewalt als Mittel der Aufhebung des entfremdenden, aber angenommenen fremden Selbstbilds möglich schien.[44]

Nietzsche hätte eine solche Bewegung hin zur Kultur der Subalternen als ein Element des selbstzerstörerischen Europas verstanden, nämlich als ein »an der Überschwemmung durch das Fremde und Vergangene, an der ›Historie‹ zugrunde« gehendes (Nietzsche 1980b: 333), oder als eine Selbst-verneinende Form der kulturellen Affirmation. Er hätte es vor allem aber auch als ein »Kulturwerkzeug« der empathischen Selbstaufgabe verstanden, dem eine bloße

Gestaltungsmoral des Schönen »schöpferisch« wenig entgegenzusetzen hat. Wie aber wird man mit einer von Interesse geleiteten Ethik der Selbstbewahrheitung fertig, wenn man Heil nur außerweltlich sucht? Wie begegnet der in der aufschiebenden Selbstverneinung, in der Vernunft sich Affirmierende jener Ethik der Unmittelbarkeit, der Tat und der symbolischen Hypostasierung des Schönen, die etwa der direkten wenn auch auf Beute gestellten Kriegerethik des Islams zugeschrieben wird?[45]

In den sechziger und siebziger Jahren war man von der nachkolonialen Kritik Europas beeindruckt. Aber was war von den gegen die koloniale Gewalt sich emanzipierenden Kulturen der »Drei Kontinente« zu erwarten? Zunächst ging es darum, nicht in der Assimilationsfalle der Kolonisiertenkultur aufzugehen, sondern eine eigene nationale Kultur zu entwickeln. Welche Rekonstruktionen ließ der Bann der imaginären Besetzungen durch die Kolonialherren noch zu, welche Kraft konnte sich am Kampf, sie zu überwinden, noch entfalten? Man nimmt sich heute mit unterschiedlichen Einschätzungen und Resultaten dieser Fragen in den »Cultural Studies« an. Unzweifelhaft ist, daß die Anstöße der Kultur der Dekolonisation, von der Fanon sprach, ihre erneuernde Kraft bis heute nicht eingebüßt haben. Für die Soziologie bleibt, daß sich – jenseits des endgültigen Engagements mit den Subalternen – die nationale Kultur an der Suche nach dem »Authentischen« festgebissen hat, nun selbst überladen mit einem Übermaß an »Historie«. Das Zurück zum »poetischen Tham-Tham-Rythmus« in der Lyrik Afrikas kann der technologischen Reorganisation der Kultur dieses Kontinents nicht entfliehen (Fanon 1966: 172).

In einem technischen Sinne nahm die Dekolonisation an der Moderne teil. Sie blieb so technisch »assimilatorisch« an den Denkformen, der *fast-food*-Ernährung, den modernen Informationstechniken, der strukturellen Reorganisation, an denen sie teilnimmt, orientiert. Mit Dekolonisierung und Entwestlichung versuchte sie in neue Kulturorientierungen des »Authentischen« vorzudringen. Doch die Technik der Entwestlichung heißt »Authentizität« und ist ein westliches Kulturinstrument, das in die sich als nicht-westlich begreifende Kultur eingeführt wird.

Die soziologischen Theoretiker der »Drei Kontinente« haben früh die Chance einer sich abzeichnenden Mischkultur als nationale Kultur erkannt. So sehr sie auch die Dominanz des Westens zurückwiesen, so sehr haben sie gesehen, daß die Assimilation westlicher Ideen notwendiger Bestandteil der intellektuellen Anstrengungen bleiben werden und so als Teil der »endogenen« Aktivitäten betrachtet werden müssen (vgl. Abdel-Malek 1981; Abaza 1998: 132). Anwar Abdel-Malek hat sehr früh gesehen, wie sehr die Verschiebungen der Perspektive, die das Ende des Kolonialismus bedingten, die Krise der westlichen Orientwissenschaften, des »Orientalismus« insgesamt, heraufbeschworen (Salvatore 1997: 133). Dies hieß aber auch, daß die inneren Prinzipien und Visionen der orientalischen Hochkulturen wieder – unter völlig neuer Perspektive – in das Konstruktionsprojekt der Moderne einzubeziehen waren. Abdel-Malek spricht von den irreduziblen Spezifitäten der großen Zivilisationen, die – so darf man hinzufügen – sich wie große, stählerne Seile durch die historischen Räume hindurchziehen. Sie sind in das soziologische Projekt im allgemeinen einzubeziehen (Wallerstein 1999: 14); sie haben eine besondere Bedeutung, wenn von der gesellschaftlichen Wirkungsweise der »Authentizität« in nicht-westlicher Kultur die Rede ist.

Wenn es im Kontext der langen und ausufernden Rezeptionsgeschichte des Werks des palästinensisch-amerikanischen Literaturwissenschaftlers Edward Said um »Orientalismus« geht, dann handelt es sich meist um den Islam und die arabische Welt. Autoren wie Anwar Abdel-Malek, Mohammad 'Imara und Mohammed Arkoun haben lange vor Said den Mythos des »Orients«, der seine Charakteristika bloß aus dem politisch-kulturellen Gegenbild zum »Okzident« zieht, beklagt.[46] Es geht hier also nicht um die bloße Summe und Adäquanz der Arbeiten westlicher Spezialisten, behauptet wird ein ihnen unterliegender politisch-philologischer Mythos, die wahlweise positive oder negative, in jedem Fall selektiv exotisierende Evokation des Orients zum Zwecke der Selbstkonstitution des Westens. Einige Zeit hat man gehofft, im Historischen Materialismus und in der Kapitalismuskritik von Karl Marx (1818–1883) eine heilende Medizin gegen den Orientalismus zu finden.[47] Selbst dort, wo man sich arabischerseits diesem Mythos etwa in der Bestimmung einer eigenständigen arabischen »Rationalität« zu entziehen suchte, wurde bald der ›Fluch‹ westlicher Kulturabhängigkeit ruchbar.[48]

Dann eine jüngere Generation von Soziologen und Philosophen, wie der Ägypter Fuad Zaqariyya, die mit der Erkenntnis *al-asala al-haqiqiyya takmun fi qalb al-mu'asara* (»wirkliche Authentizität liegt im Herzen der Moderne«) herausfanden, daß das, was viele seiner Kollegen in den achtziger Jahren als islamische Authentizität entwickelten, auf dem semantischen Apparat der nationalistischen arabischen Sozialwissenschaftler fußte, die noch in den sechziger Jahren zusammen mit dem französischen Orientalisten und Sozial-Anthropologen Jacques Berque die Forderung nach einer ›Eigenständigkeit‹ der arabischen Kultur erhoben hatten. Die Symbolfigur der modernen national-arabischen Soziologie war der als »Soziologe« und »Rationalist« erst im Westen erfundene Ibn Khaldun (1332–1406). Entsprechend mußte er auch, als der aktuelle Authentizitätsdiskurs zu greifen begann, dekonstruiert werden (al-Azmeh 1982).

Die Diskussionen über die Beziehungen zwischen Fundamentalismus und Moderne sind lange in Bahnen gehalten worden, die Begriffe wie »Nativismus«, »Endogenisierung« und »Revitalisierung« vorzeichneten. Die für die Moderne insgesamt so wichtigen Formen der Beziehung von religiösem Fundamentalismus und dem im wissenschaftlichen Essentialismus verankerten Selbstbegriff[49], die der moderne liberale Individualismus hervorbrachte, gerieten dabei in den Hintergrund. Nichts aber macht den Individualismus moderner Gesellschaften mehr möglich als die Techniken der Selbstreinigung und Selbstdisziplin, die der lange, in der Geschichte des »Abendlands« vorgezeichnete Weg des Abschieds von Ethiken des »guten Lebens« bezeichnet.

Nicht aber nur das Wechselspiel zwischen religiösem Fundamentalismus und Liberalismus steht zur Diskussion, wenn über einen soziologischen Begriff von »Authentizität« nachgedacht wird. In den letzten dreißig Jahren vor dem Sieg des Faschismus in Deutschland hatte sich überall in Europa eine Form des Intellektualismus durchgesetzt, die in fast kosmisch-religiöser Bindung sich um das Wissen der menschlichen Seele und die Formen des Lebens, ja, um die lebendige Körperlichkeit der Seele bemühte und dieses Wissen aus der gewissermaßen säkularen Bedeutung des Mythos und des Weltwerdens zu ziehen trachtete. Man kann auf das eigenartige Paradox dieser säkularen »Religion« der

Seelensehnsucht, die mit dem faschistischen Modernismus so eng verbunden war, hier nur hinweisen.

Als müßten die finsteren Erfahrungen, die den Bildungsprozeß des ›stählernen Gehäuses‹ des modernen Individualismus begleiteten, überall auf der Welt nachgeholt werden, gilt das zur Unverwechselbarkeit und Einzigartigkeit hochgezüchtete Individuum der Moderne allenthalben als Maßstab der kulturellen Entwicklung. Folgerichtig tritt, wenn die vom Fundamentalismus in anderen, nicht-westlichen Kulturen in Gang gesetzten Denkweisen ins Blickfeld geraten, immer auch die rückwärtsgewandte Suche nach dem »Authentischen« auf die Tagesordnung. Alle Kulturwissenschaft – wenn nicht Wissenschaft überhaupt – basiert aber selbst auf dieser Suche nach dem »Authentischen«. So wie das Naturbild eine möglichst authentische Vorstellung von den Dingen in der Natur vermitteln soll, so sucht alle Naturwissenschaft auch nach den wahren, den authentischen Gesetzen der Entfaltung der natürlichen Dinge.

Kunst, Literatur, Wissenschaft und Medien, sie alle vermitteln auf das Eindringlichste Ideen und Ereignisse des Authentischen. Wo aber das Andere, das Fremde, das Exotische, sich als Authentisches setzt, sind immer Zweifel angesagt: Ein islamisches Naturbild, eine islamische Wissenschaft, eine moderne islamische Kunst gibt es nicht! Oder gibt es sie doch? Zumindest mit der gleichen Berechtigung wie die Moderne? Man sieht, die Frage des Authentischen wird erst im Kulturkontakt zur entscheidenden, im Kontakt mit der Moderne zur Schicksalsfrage! Oder ist nicht jeder Begriff von Kultur schon auf das engste mit dem Begriff des Authentischen verbunden? Auch hier ein Beispiel aus dem Islam: Mit der Sammlung und Zusammenstellung der Überlieferungen über Leben und Aussprüche des Propheten, den großen kanonischen Werken des *Hadith*, haben die Araber ein ausgeklügeltes System der Bestimmung und Überlieferung des Authentischen geschaffen. Die Orientalisten und Altphilologen, wie Altertumswissenschaftler einmal sind, bezweifelten oft die Authentizität des Materials, beschworen aber andererseits den arabischen Genius der systematischen Bestimmung des Authentischen als Vorläufer der modernen Philologie. Wie die Araber, so haben auch die Chinesen, jenseits jeder Originalität als Mittel der Erfindung des Individuums, tiefgreifende Systeme der Überlieferung von Wissen und Text entwickelt, die deren Authentizität erhalten sollte.

Eines aber hat sich trotz des inneren Zusammenhangs von Authentizität mit jeder Kultur in der Moderne geändert. Mit der Absolutsetzung des sich als authentisch gebenden Selbst, mit der Aufgabe der Bindung des Authentischen an das Äußere und der Suche nach innerer Selbstvergewisserung, sind zugleich Verunsicherungen und Konfusionen aufgetreten. Kahl und einsam steht das »authentische« Ich da, ständig im Zweifel, ständig auf der Suche nach neuer Befestigung.

Im Dekonstruktivismus wird gezeigt, daß Absolutsetzungen des authentischen Selbst, Absolutsetzungen des Anderen als Authentisches, also Absolutsetzungen der Differenz, nach sich ziehen. Man muß dem darin begründeten Kulturrelativismus nicht folgen. Man wird jedoch leicht erkennen, daß jede wissenschaftliche Perspektive, die selbst nur auf die Konstruktion von Authentischem zielt, zu kurz greift. Denn mit solchen Konstruktionen werden selbst Wirkungen kultureller und sozialer Umwälzungen vorbereitet und intendiert, wenn nicht erzielt. Wenn auch der normale Wissenschaftsbetrieb auf die Abschottung der Konstruktion selbst, gegen die Frage nach ihrer Wirkung gerichtet ist, wird an dieser entscheidenden Stelle einsichtig, daß der soziologische Umgang mit dem Phänomen nicht die Frage nach der Bestimmung des Authentischen ist, sondern die Frage nach den Bestimmungsformen und ihren Folgen.

Von hier erst wird die These einsichtig, daß alle Kulturen, auch die modernen nationalstaatlich gefaßten Gesellschaften, eine Reihe von höchst komplexen Apparaten der Authentizitätsfindung entwickelt haben. Wie Mircea Eliade »bestimmte religiöse Hauptrituale als Wiederherstellung des Zusammenhangs mit dem Zeitpunkt des Ursprungs der Rasse oder Art oder der göttlichen Offenbarung über die rechte Ordnung des menschlichen Lebens interpretiert« hat (Shils 1983: 544), so richten die modernen Gesellschaften Apparate ein, die den Zusammenhang zum Ursprung einer gesellschaftlichen Ordnung wieder herstellen sollen. Eine Soziologie der Authentizität hätte Entstehung und Wirkungsweise solcher Apparate zu untersuchen, nicht selbst Bestandteil derselben zu sein. Wohlgemerkt, es geht nicht mehr nur um die im Mythos gegründete Macht interpretierender Instanzen in der modernen Gesellschaft, wie sie Shils und Eliade auch in bezug auf Nietzsche und Weber noch im Auge hatten. Es geht um die spezifischen Formungen und Wendungen der Suche nach dem Authentischen, nicht um den Akt seiner Setzung.

Das Problem der Weltgesellschaft

Was leisten die neuen »Ursprungsmythen« (von Religion, Nation, Kosmos) in der sich ausbreitenden neuen Utopie der Weltgesellschaft, oder welcher »Mythen« bedarf die Weltgesellschaft, damit sie Utopie werden kann? Wäre dies nicht ein Widerspruch zu dem aktuellen Entfaltungsprozeß der »Authentizität« als bestimmendes Element im Isomorphismus der globalen Strukturen? Es wird neuerdings Gesellschaft als entterritorialisierte Entkopplung von Macht, Kultur und Ökonomie vorgestellt. Dabei bleibt die Frage nach jener Zivilisation, die einen neuen Zentrismus, der mehr als nur technologische Kohäsion zu schaffen hätte, außerordentlich komplex.

Am offensichtlichsten hat paradoxerweise das »Authentizitätsdenken« im sogenannten Fundamentalismus seine globalisierende Wirkung gezeigt. Man könnte das mit Shmuel Eisenstadt auf die durch ihn bewirkte »Entfaltung der Kräfte und Antinomien der Moderne« (Eisenstadt 1998: 130) in allen Gesellschaften zurückführen und die dadurch hervorgerufenen »Diversifizierungen der Visionen und des Verständnisses von der Moderne, der kulturellen Zielvorstellungen der Eliten der verschiedenen Gesellschaften« (ebenda) als das Hauptmerkmal der gegenwärtigen weltgesellschaftlichen Entwicklung beschreiben. »Zur selben Zeit aber, in der diese Diversität die alten Vormachtstellungen zweifellos unterminierte, stand sie – paradoxerweise vielleicht – in ganz enger Beziehung zur Entwicklung verschiedener gemeinsamer Bezugspunkte und Netzwerke, zu einer Globalisierung der kulturellen Netzwerke und Kommunikationswege weit über das hinausgehend, was je zuvor existierte. Es ist diese Kombination der wachsenden Diversität in der beständigen Neuinterpretation der Moderne auf der einen Seite mit der Entwicklung multipler globaler Reformen und gegenseitiger Bezugspunkte auf der anderen Seite, die für die zeitgenössische Szenerie so charakteristisch ist – und die möglicherweise doch den Gebrauch der Begriffe Globalisierung und globale Geschichte rechtfertigen« (ebenda).

Diese vorsichtige Skepsis gegenüber einem universellen sozialen Kohäsionsgedanken wird auch von einem weiteren Großen der amerikanischen Soziologie geteilt: »Die Gesellschaften der Erde bilden niemals eine einzige Zivilisation mit einem einzigen Zentrum. Sie tun dies auch heute nicht, obwohl eine engere – aber immer noch entfernte – Annäherung hieran erreicht ist als jemals zuvor. Früher waren die Zivilisationen selbstgenügsamer als heute, aber auch in der Periode ihrer größten Selbstgenügsamkeit gab es Diffusion von einer Zivilisation zur andern. Dieser Zusammenhang ist im 20. Jahrhundert, in dem die westliche Zivilisation als ganze und die Zentren der zentralen Gesellschaften dieser Zivilisation im Weltmaßstab zentraler sind als jemals zuvor, enger als jemals zuvor« (Shils 1983: 557).

Und doch kann von hier aus Weltgesellschaft nur in einem kosmischen Begründungszusammenhang des Zentrums und der Unterzentren gedacht werden, der letztendlich auf ›Weltmacht‹ beruht. Die im 20. Jahrhundert entstandene Verdichtung des Zusammenhangs von Zentrum und Unterzentren könnte auch als »Dezentrierung des Zentrums« verstanden werden, als ein sich Durchsetzen der Eigenlogik der Verkettungsmacht. Dann ist Weltgesellschaft durch die Gleichzeitigkeit des »Ereignisses von Ideen« und durch erhöhte Intensivierung vergleichender Interaktionen gekennzeichnet und Gesellschaft nur noch als eine Verschnürung unendlich vieler lokaler Kontexte vorstellbar, in denen globalisierte Ideen sich ereignen. Der kulturelle Zentrismus des Authentizitätsdenkens hätte so eine Weltzivilisation geschaffen, die ihre neue Zentrität in der Abwesenheit des Zentrums hätte. Dem postmodernen »Isomorphismus« wäre in einer konventionellen soziologischen Perspektive stattgegeben.

»Orientalismus«, »Postkolonialität« und »Hybridisierung« sind thematische Schlagworte der Fortführung des genealogischen Denkens in der aktuellen kulturübergreifenden Forschung. Für die neuen Versuche der sogenannten »Cultural Studies« mit ihrer Überbetonung der Subalternen, der klandestinen Existenzen und Überlebenskulturen gilt, daß konstruierte Authentizität und konstruierte Inauthentizität zumindest eines gleich haben: Sie wenden sich gegen ›veraltete‹, längst eingelagerte Konventionen der Kultur.

Anmerkungen

1 Man kann grundsätzlich von der »Zirkulation der Ideen« sprechen. Bourdieu/Wacquant tun das auch dann, wenn Grenzüberschreitung semantisch nicht mehr in Reichweite ist (vgl. Anmerkung 2).

2 Die Begriffe sind von mir übersetzt worden. Ich erlaube mir, den vollen englischen Text im Zitat zu dokumentieren und hoffe nur, daß die sprachlichen Grenzen nicht zu neuen Domänen des Mißverständnisses werden: »If it is true that the dehistoricization that almost inevitably results from the migration of ideas across national boundaries is one of the factors contributing to derealization and false universalization (as, for example, with theoretical ›*faux amis*‹), then only a genuine history of the genesis of ideas about the social world, combined with an analysis of the social mechanisms of the international circulation [sic!] of those ideas, could lead intellectuals, in this domaine as elsewhere, to a better mastery of those instruments with which they argue without taking the trouble to argue beforehand about them« (Bourdieu/Wacquant 1999: 51f.).

3 »If the USA is truely exceptional, in accordance with the old Tocquevillian theme untiringly renewed and periodically updated, it is above all for *the rigid dualism* of its racial devision. Even more so, it is for its capacity to impose as universal that which is most particular to itself while passing off as exceptional that which makes it most common« (Bourdieu/Wacquant 1999: 51).

4 Ich wiederhole hier zum besseren Verständnis und natürlich zur Hervorhebung das englische Zitat: »genuine history of the genesis of ideas about the social world« (Bourdieu/Wacquant 1999: 51). Lassen Sie mich aber hier zum Zwecke der Polemik anmerken, daß Bourdieu/Wacquant eine solche genuine Ideen- und Begriffsgeschichte über die soziale Welt – oder noch deutlicher und fast wörtlich übersetzt: ›eine genuine Geschichte über die Genese der Ideen über die soziale Welt‹ zugleich – und das ist das höchst bedeutsame – mit der ›Analyse der sozialen Mechanismen der internationalen Zirkulierung dieser Ideen‹ ›verbinden‹ wollen. Eben hier wird die ›Falle‹, die sich der ontologisch bereicherte Marxismus

selbst stellt, sehr deutlich: Man will wesensbegriffliche Ideengeschichte, die man als solche innerlich und eigentlich konstituierte hinnimmt, mit der Analyse ihrer internationalen Verteilung kombinieren. Man trennt in ganz konventioneller Manier die »Wesensgeschichte« von der »Verteilungsgeschichte« (den Produktionsprozeß vom Verteilungsprozeß, den Forschungsprozeß vom Darstellungsprozeß, die Materie der Ware vom Fetisch der Ware). Die Ideengeschichte selbst nimmt affirmativ als voneinander getrennte analytische Arenen das hin, was die »Ich-Akteure« erst konstruieren, eben den Unterschied von »innerer« Konstitution und »äußerer« Repräsentation von Kultur. Das entscheidende aber ist, daß letztlich nur der »äußere« Repräsentationszwang zum Gegenstand der Kritik der imperialistischen Vernunft gemacht wird, während die Arenen der so begriffenen »inneren« Konstitution zum Reich des Seins, also der Freiheit verklärt werden.

5 Vgl. hierzu insbesondere unsere Studien zu Nietzsches affirmativer Wendung im Werk von Max Weber in Kapitel 3 von »Nietzsche's Dance« in Stauth/Turner 1988: 98–122; vgl. auch Stauth/Turner 1986; Stauth 1992.

6 Der ›pakistanische‹ Dichter Muhammad Iqbal (1876–1938) darf als einer der ersten islamischen Denker bezeichnet werden, die eine für den indischen Subkontinnent schicksalhafte islamische Offensive mit Selbst-Begriffen der europäischen Kulturkritik starteten (vgl. von Grunebaum 1962: 113); vgl. auch Stauth »Islam als selbstbegriff nichtwestlicher Modernität« (1996).

7 »I do not, for example, assume that one can or should, so to say, wipe out the significance of the Gemeinschaft-to-Gesellschaft problematic by sheer analytical reasoning. That problematic and its contemporary expression in terms of ideas such as the project of modernity has not simply been an analytical issue. For better or for worse, it has in one way or another greatly informed the reality of the world we study and the theories we form about it« (Robertson 1992: 14).

8 Einen rudimentären Einblick in das dichotomische Denken der Soziologie vermittelt neuerdings ein Versuch, Soziologiegeschichte in Form begrifflicher Gegensätze zu schreiben; vgl. Jenk (1998).

9 Vgl. zur gesellschaftstheoretischen und reellen Verschlungenheit von »Moderne« und »Nostalgie« Wolf Lepenies' »Melancholie und Gesellschaft« (1969).

10 Vgl. »The Moral Sociology of Nostalgia«, Kapitel 1 von »Nietzsche's Dance« (Stauth/Turner 1988: 27–59); und ebenso »Globalization and the Nostalgic Paradigm« (Robertson 1992: 146–163). An den hier offengelegten Dimensionen soziologischen Denkens wird sehr deutlich, daß sich Soziologie gerade nicht auf die Betrachtung bloßer Regelungszusammenhänge, anders gesagt: auf ein System, reduzieren läßt.

11 Eine von mir hier gesetzte Formel, die anzeigen soll, daß es auch in dem von Touraine entwickelten Kontext einer Soziologie des »social actors« um eine völlig neue Frage nach den Konstitutionsbedingungen eines neuen »handelnden Subjekts« geht. Paradoxerweise muß man alle auf Innerlichkeit basierenden Vorstellungen vom »autonomen Subjekt« der Moderne – erinnert sei hier vor allem an Max Webers Verantwortungscharakter des bürokratisch-wissenschaftlichen Professionellen (vgl. Stauth/Turner 1986) – fallenlassen, wenn man von diesem neuen »Ich-Akteur« und der Erkenntnis seiner dialogischen Konstitutionsbedingungen zu sprechen beginnt.

12 »Sociology used to be the study of social systems; it has become the study of social actors. At one time it questioned the working of society, and asked how an order, a set of norms, forms of authority, of roles and statuses were constituted and maintained; or yet again how societies were able to control and to manage increasingly far-reaching and rapid economic changes. Today the main question posed by sociology is the following: how can one individual or group be an actor? Does there exist a space for personel and collective initiative between the determinants of production, consumption and mass communication and the homogenizing and normalizing constraints imposed more and more frequently by the powers of communalism« (Touraine 1998: 141).

13 Solange die allgemeinen Bedingungen des Zusammenhangs der intellektuellen Ich-Konstitutionen, der Nationalstaatskultur und der kulturübergreifenden Interaktion auch in ihren globalen Bedeutungen und Wirkungen nicht analytisch vermittelt werden, wird es immer wieder

nur um »ethnische«, »nationale« oder auch »internationale« hegemonial angelegte Konstruktionen »authentischer« Kultur und Moral gehen, auch dann, wenn man sich wie etwa im französisch-deutschen Diskurs der zwanziger und dreißiger Jahre gegenseitig die »Gründungsväter« in der Konstruktion des Ästhetisch-Sozialen streitig macht.

14 Man kann also nur versuchen, ihn über die ganze Willkürlichkeit dieser Wirkungsgeschichte zu analysieren und nicht immer wieder neue »Selbstbegriffe« absolut zu setzen, auch wenn zum Beispiel Walzers dreigeteiltes Subjekt nur eine ›halbe‹ Absolutheit ist (vgl. Walzer 1996: 111f.).

15 Natürlich ist diese Vorstellung von der säkularen Religion schon von Anfang an im aufkommenden Begriff der Gesellschaft im 19. Jahrhundert angelegt, schon bei Auguste Comte »who believed that a rational society should become its own end and thus call forth a feeling of belonging and of obligation capable of becoming a religion of humankind« (Touraine 1998: 127). Die Idee der säkularen Religion lebte denn auch im Collège de Sociologie fort: »Pour Monnerot il s'agit de montrer que tout pouvoir, quel que soit son travestissement théorique, repose sur une force de nature affective appariée au sacré. Ainsi le communisme qui se donne pour radicalement scientifique, profane, homogène, est en réalité une autre religion, immanente et séculaire, un ›Islam‹ écrit Monnerot dans *Sociologie du communisme* (72–143), dont les dieux nommés Raison, Progrès, Histoire, réclament et justifient d'autres sacrifices« (Heimonet 1990: 106).

16 Vielleicht kann man zu recht sagen, daß nichts die Grundlagen der massenkulturellen Instinktbefreiungen mehr beeinflußt hat als die Idee der sexuellen Befreiung und die damit einhergehende Idee der latenten Unversöhnbarkeit der Geschlechter. Die massenkulturellen Anschauungen hierfür lieferten etwa noch am deutlichsten Werk und Leben von David H. Lawrence (1885–1930) und Frieda von Richthofen (1879–1956); vgl. dazu die höchst brisante Biographie von Brenda Maddox (1995).

17 Eine im wahren Sinne treffende Darstellung des Zusammenhangs von »Biographie« und »Gesellschaftstheorie«, des Zusammenwirkens von Erotismus und Theorie in der

Umbruchphase in Deutschland vor und nach dem Ersten Weltkrieg lieferte Martin Green (1974).

18 Vgl. etwa die frühen Schriften von Roger Callois (1937; 1938; 1939), Georges Bataille, Jules Monnerot (1974), die »linken« und »rechten« Diskurse am Collège de Sociologie wurden von Jean-Michel Heimonet (1990) zusammenfassend dargestellt.

19 Freud entwickelte den für das Selbstverständnis der Moderne höchst einflußreichen Diskurs über Religion und Zivilisation und dabei auch ganz eigenwillige Formen der Authentizierung; vgl. hierzu in diesem Band das Kapitel »Primordialität und Zivilisation«.

20 Was anderes bezeichnet schon der in Frankreich mit den Studien Roger Caillois' einsetzende Versuch die menschliche Mimesis als soziales und ästhetisches Prinzip unter Bezug auf die Verwandlungs- und Verschlingungskünste der Gottesanbeterin, *mante religieuse*, einzuführen (Caillois 1937).

21 Vgl. hierzu unsere Studie »Critical Theory and Pre-Fascist Thought« (Stauth 1994).

22 Wie stark das säkularisierte Ursprungsdenken die zwanziger Jahre beherrschte, kann in Kurt Liebermanns (1929) damals weit verbreiteten Sammelbändchen verfolgt werden, das sich als ein »Lebensbuch« verstand.

23 Ganz in der Perspektive der Historischen Soziologie entwickelt Shmuel N. Eisenstadt in seinen Studien über die »Kulturen der Achsenzeit« (1982; 1986/1992) und »Antinomien der Moderne« (1998) die soteriologischen Grundlagen des modernen Jakobinismus. Der soteriologische Apparat der Moderne ist Gegenstand einer ausgezeichneten Studie von Roland Robertson (1978).

24 Zur liberalistischen Ausprägung des soziologischen Denkens vgl. Seidman (1983).

25 Es liegt hier also einerseits durchaus ein Purifizierungsprozeß vor, denn erst die affirmative »Authentizität« im Ursprungsbezug, nicht aber seine »Kosmisierung« verspricht Anerkennung, andererseits handelt es sich natürlich durchaus um eine ›Säuberung‹ im Sinne der Exklusion der entsprechend nicht-affirmierten Kultur.

26 »Offenbar setzen die Teilnahmeregeln voraus, daß es zunächst Regeln gibt und erst dann eine Beteiligung am Diskurs zustande kommt. Der Minimalismus geht dem

Maximalismus voraus; früher lebten wir unter ›dünnen‹ Bedingungen, doch nun hat unsere Moral an Dichte gewonnen. Diese Ansicht ist oben bereits angezweifelt worden. Mit dem Beispiel der Diskursethik oder der Entscheidungstheorie vor Augen sollten wir nun leichter erkennen können, worin die Probleme liegen. Denn die von diesen Theorien vorgeschriebene maximale Moral ist schlicht eine abstrakte Version der zeitgenössischen demokratischen Kultur, und die Abstraktion ist nicht einmal sehr weitgehend. Gäbe es eine solche Kultur nicht, würde uns diese besondere Version der minimalen Moral gar nicht erst einleuchten. Daher geht in Wirklichkeit der Maximalismus dem Minimalismus voraus und nicht umgekehrt. Aber kein bestimmtes Maximum ist die alleinige Quelle des moralischen Minimums, ganz zu schweigen von all den anderen maximalen Moralvorstellungen. Wenn ausgewachsene Demokraten sich vorstellen, die Regeln der Diskursbeteiligung erzeugten die Moral in all ihren Spielarten, dann gleichen sie einer sprachbegabten Eiche, die, zu freier Meinungsäußerung aufgefordert, feierlich erklären würde, die Eichel sei der Keim und Ursprung des ganzen Waldes« (Walzer 1996: 28).

27 Taylor zeigt sogar hier bereits soziale Wirkungen auf: »Die Politik der Differenz erwächst durchaus organisch aus der Politik der universellen Würde, und zwar durch eine jener uns seit langem geläufigen Verschiebungen, in deren Verlauf ein neuer Begriff vom gesellschaftlichen Dasein der Menschen einem alten Prinzip eine radikal neue Bedeutung verleiht. So wie die Ansicht, daß die Menschen durch ihre sozioökonomische Notlage geprägt werden, die Vorstellung vom Bürger zweiter Klasse derart modifizierte, daß sie nun beispielsweise auch Menschen umfaßt, die in ererbten Armutsfallen gefangen sind, so rückt die Auffassung, daß Identität durch Austausch geformt und möglicherweise verformt wird, eine neue Gestalt von Zweitklassigkeit in unser Blickfeld [...]. Während die Politik der universellen Würde für Formen der Nicht-Diskriminierung kämpfte, die sich gegen die Unterschiede zwischen den einzelnen Bürgern ›blind‹ stellten, definiert die Politik der Differenz Nicht-Diskriminierung häufig neu und fordert, daß wir gerade die

Unterschiede zur Grundlage einer differenzierenden Praktik machen« (Taylor 1997: 29f.).

28 Dies wird bei Taylor nur indirekt erkennbar, am deutlichsten noch in seinen Ausführungen über die Entwicklung der »Auffassung von individueller Identität« in »Politik der Anerkennung« (Taylor 1997: 16ff.).

29 Insofern leitet sich ja auch das »staging virtue« nicht allein aus den massenkulturellen Formen der Herstellung neuer, bürgerlicher Öffentlichkeiten ab – eine These, die man vielleicht ungerechtfertigter Weise Armando Salvatore (1997) unterstellen könnte –, sondern auch aus der durch den virtuellen Zwang zur Obligation sich ergebenden Konventionalität der neuen Mittelschichten.

30 Taylor erläutert dies noch zusätzlich indem er darstellt, wie sehr Innerlichkeit der Selbstbestimmung »den dialogischen Charakter menschlicher Existenz« erst aufzwingt. Es ist erst dieser Charakter, der den auf Ehre, Würde und Hierarchie gründenden sozialen Holismus auflöst. Es muß aber noch etwas hinzukommen, was diese Auflösung ermöglicht, nämlich ein in der Ehrkultur bereits angelegter Mechanismus des Zweifels, der Frage nach der vom Sozialen gesonderten Eigenart des Individuums, die im Martyrium Christi bereits angelegte, individuelle Gottessehnsucht. Das bedeutet ein Erkenntnisbruch, den Nietzsche mit dem Begriff des Ressentiments belegt hat. Ressentiment kann Haß in Liebe, Häßliches in Schönes, Schlechtes in Gutes verwandeln, und wird in dieser Verwandlung reflexiv. Taylor verweist auf Johann Gottfried von Herder (1744–1803), der in der Idee der Authentizität die eigentliche kulturelle Wirkungsweise des Nationalismus und des modernen Nationalstaats sieht: »So bald [sic!] sie in Erscheinung tritt, etwa bei Herder, bin ich aufgefordert, meine Eigenart ausfindig zu machen. Und diese Eigenart läßt sich nicht aus der Gesellschaft ableiten, sie muß im Inneren und aus dem Inneren erzeugt werden« (Taylor 1997: 21). Man darf mit einiger Bestimmtheit davon ausgehen, daß es einen solchen Begriff der Innerlichkeit in orientalischen Gesellschaften etwa nicht gibt und daß dort »Innerlichkeit« – wie der sensible Nietzsche im »Zarathustra« auszusprechen versuchte – *a priori* symbolischer Akt ist, in-

nerlich wesentlich also nichts ist außer das Erscheinende, außer das symbolisch Gesetzte. An diesem kleinen, entscheidenden Punkt scheinen sich nun doch der »Orientalismus« der orientalischen Hochkulturen und die Postmoderne zu treffen. Vgl. hierzu unsere noch sehr vagen Ausführungen in »Islam und westlicher Rationalismus« (1993a: 185–200).

31 Vgl. etwa »Genesis, I« und »On Value, Modern and Non-Modern« (Dumont 1983: 23–59; 234–268). Einen diesen Problemen sich nur vorsichtig annähernden Vergleich von Weber und Dumont liefert Martin Fuchs (1988).

32 Zur Diskussion von Foucaults Iran-Abenteuer vgl. Stauth (1991), Salvatore (1997: 148–155) und zuletzt Leezenberg (1998). Letzterer versucht nun selbst Foucault jenseits aller Einsicht in die Problematik der »politischen Theologie« vom ›richtigen‹ Standpunkt des pluralistischen Liberalismus aus zu kritisieren.

33 Natürlich gewinnt diese moderne »Mythos-Politik« bei Foucault einen sehr subtilen und ambivalenten Charakter nicht zuletzt darin, daß er, wie Salvatore herausarbeitet, in der Islamischen Revolution eine neue Modernität begrüßt: Handeln als Aufgabe und Selbstversöhnung. Diese Ambivalenz ergibt sich in der Tat aus Foucaults Überzeugung, daß die Moderne in der Unauflösbarkeit des Zusammenhangs sozialer und religiöser Strukturen gefangen bleibt (vgl. hierzu Salvatore 1997: 151f.). Gerade in dieser Verbindung aber liegen spezifische Wirkungsweisen des modernen »Authentizitäts«-Denkens begraben. Hier hat also jede Soziologie der Authentizität anzusetzen.

34 »[...] könnte das augenblickliche Spiel mit der Grenze und der Übertretung der eigentliche Beweis für ein Denken des ›Ursprungs‹ sein, dem wir seit den Werken Nietzsches geweiht sind –, ein Denken, das unbedingt und gleichzeitig Kritik und Ontologie wäre, ein Denken, das die Endlichkeit des Seins dächte« (Foucault 1988: 76).

35 Für Foucault kann die Genealogie der Geschichte als demagogische, als religiöse, überwunden werden, »wenn man sie beherrscht und gegen ihre eigene Herkunft ausspielt« (Foucault 1987: 84).

36 Daß Roms Kampf gegen das Christentum im vorfaschistischen Denken wider den »jüdisch-christlichen Protestan-

tismus« wieder ins Spiel gebracht wurde, ist nur ein Beispiel mehr für die unheilige Allianz von Politik und Ursprungsdenken (vgl. hierzu etwa Schonauer 1960: 83f.).

37 »Techniques of the self, I believe, can be found in all cultures in different forms«, schreibt Foucault in »On the Genealogy of Ethics: An Overview of Work in Progress«, (1984b, 369).

38 »My idea is that it's not at all necessary to relate ethical problems to scientific knowledge. Among the cultural inventions of mankind there is a treasury of devices, techniques, ideas, procedures, and so on, that cannot exactly be reactivated, but at least constitute, or help to constitute, a certain point of view which can be very useful as a tool for analyzing what's going on now – and to change it« (Foucault 1984b: 349f.).

39 »[...] in Stoic ethics the question of purity was nearly nonexistent or rather marginal. It was important in Pythagorean circles and also in neo-Platonic schools and became more and more important through their influence and also through religious influences. At a certain moment the problem of an aesthetics of existence is covered over by the problem of purity, which is something else and which requires another kind of technique. In Christian ascetism the question of purity becomes more and more important; the reason why you have to take control of yourself is to keep yourself pure. The problem of virginity, this model of feminine integrity, becomes much more important in Christianity« (Foucault 1984b: 365). »Physical integrity rather than self-regulation became important. So the problem of ethics as an aesthetics of existence is covered over by the problem of purification« (ebenda: 366).

40 »This new Christian self had to be constantly examined because in this self were lodged concupiscence and desires of the flesh. From that moment on, the self was no longer something to be made but something to be renounced and deciphered. Consequently, between paganism and Christianity, the opposition is not between tolerance and austerity, but between a form of austerity which is linked to an aesthetics of existence and other forms of austerity which are linked to the necessity of renouncing the self and deciphering its truth.

Q. So Nietzsche, then must be wrong in *The Genealogy of Morals*, when he credits Christian asceticism for making us the kind of creatures that can make promises?
F. Yes, I think he has given mistaken credit to Christianity, given what we know about the evolution of pagan ethics from the fourth century B.C. to the fourth century after« (Foucault 1984b: 366).

41 Für den postkolonialen Staat hat die Studie von Chatterjee (1993) diesen Gedanken überzeugend entwickelt.

42 Der Leser sei an dieser Stelle auf Foucaults Bewertung der Islamischen Revolution zurückverwiesen. Es scheint fast, als hätten vergleichbare Argumente der Verbindung von Intellektuellentum und den Massen in Foucaults Idee der spiritualiserten Politik eine Rolle gespielt (vgl. oben S. 18 und die in Anmerkung 32 gegebenen Literaturhinweise).

43 »Die Menschen sind Vernunftgründen so wenig zugänglich, werden ganz von ihren Triebwünschen beherrscht. Warum soll man also ihnen eine Triebbefriedigung wegnehmen und durch Vernunftgründe ersetzen wollen? Freilich sind die Menschen so, aber haben sie sich gefragt, ob sie so sein müssen, ob ihre innerste Natur sie dazu nögtigt?« (Freud 1927/1955: 370)

44 Es ist bezeichnend, daß gerade unter diesem Gesichtspunkt Fanon »für bestimmte Spielarten des Feminismus ebenso wichtig geworden ist wie für die aktuellen Debatten über Multikulturalismus« (Taylor 1997: 61).

45 So etwa sah noch Lou Andreas-Salomé, als ihr Nietzsche-Buch, das erste Nietzsche-Buch überhaupt, schon erschienen war (1894/1924), in der Voss'schen Zeitung »Das Problem des Islams« (1894a).

46 Vgl. hierzu Abaza/Stauth 1990: 209; siehe auch Wallerstein 1999: 13.

47 In diese Richtung argumentierten paradoxerweise so konträre Autoren wie Bryan Turner (1978) und Samir Amin (1988).

48 Siehe etwa Leonard Binders Ausführungen über Mohammad 'Imara in »Islamic Liberalism« (1988: 146–150).

49 Ich teile hier Salvatores These von der generellen Verankerung des Essentialismus im modernen Apparat der Geisteswissenschaften: »[...] being a product of social dif-

ferentiation and intellectual distinction. I consider essentializing procedures as starting at a level of sophistication where the need for distinction enters a dimension of hermeneutic dispersion« (Salvatore 1997: 69).

Literatur

ABAZA, MONA (1998): »The Sociology of Progressive Islam between the Middle East and Southeast Asia«. In: GEORG STAUTH (Hg.), *Islam – Motor or Challenge of Modernity?* (Yearbook of the Sociology of Islam, hg. von Helmut Buchholt und Georg Stauth, Bd. 1), Hamburg: LIT-Verlag, S. 129–152.

ABAZA, MONA/STAUTH, GEORG (1990): »Occidental Reason, Orientalism, Islamic Fundamentalism: A Critique«. In: MARTIN ALBROW/ELIZABETH KING (Hg.), *Globalization, Knowledge and Society. Readings from International Sociology,* London u. a.: Sage, S. 209–232.

ABDEL-MALEK, ANWAR (1981): »Social Aspects of Endogenous Intellectual Creativity: The Problem of Obstacles – Guidelines for Research«. In: DERS. (Hg.), *Intellectual Creativity in Endogenous Culture,* Tokyo: The United Nations University, S. 462–470.

ADORNO, THEODOR W. (1964): *Jargon der Eigentlichkeit,* Frankfurt/M.: Suhrkamp.

AL-AZMEH, AZIZ (1982/1993): *Ibn Khaldun,* London: Routledge, (Reprint Cairo: The American University in Cairo Press.

AMIN, SAMIR (1988): *Eurozentrism,* übersetzt von Russell Moore, New York/NY: Monthly Review Press.

ANDREAS-SALOMÉ, LOU (1894/1924): *Friedrich Nietzsche in seinen Werken,* Dresden. Neudruck Frankurt/M.: Insel-Verlag 1983.

ANDREAS-SALOMÉ, LOU (1894a): »Das Problem des Islams«. *Voss'sche Zeitung* 338, Sonntagsbeilage 29, Teil I; 350, Sonntagsbeilage 30, Teil II.

ARKOUN, MOHAMMAD (1998): »Social Science as Challenge to Islam: Introductory Reflections«. In: GEORG STAUTH (Hg.), *Islam – Motor or Challenge of Modernity?* (Yearbook of the Sociology of Islam, hg. von Helmut Buchholt und Georg Stauth, Bd. 1), Hamburg: LIT-Verlag, S. 199–220.

BATAILLE, GEORGES (1997): *Theorie der Religion,* München: Mattes & Seitz.

BINDER, LEONARD (1988): *Islamic Liberalism: A Critique of Development Theory,* Chicago/IL: University of Chicago Press.

Bourdieu, Pierre/Wacquant, Loïc (1999): »On the Cunning of Imperialist Reason«. *Theory, Culture and Society* 16, S. 41–58.

Caillois, Roger (1937): *La mante religieuse,* Paris: Aux amis des livres (auch in: Ders. 1938).

Caillois, Roger (1938): *Le mythe et l'homme,* Paris: Nouvelle Revue francaise.

Caillois, Roger (1939): *L'homme et le sacré,* Paris: Presses universitaires. Dt.: *Der Mensch und das Heilige,* Übersetzung Brigitte Weidmann, Nachwort von Peter Geble, München: Hanser 1988.

Casanova, José (1994): *Public Religions in the Modern World,* Chicago/IL: Chicago University Press.

Chatterjee, Partha (1993): *The Nation and its Fragments. Colonial and Postcolonial Histories,* Princeton/NJ: Princeton University Press.

Dumont, Louis (1983): *Essays on Individualism. Modern Ideology in Anthropological Perspective,* Chicago/IL, London: The University of Chicago Press.

Eisenstadt, Shmuel N. (1982): »The Axial Age: The Emergence of Transcendental Visions and Rise of Clerics«. *European Journal of Sociology* 23, S. 294–314.

Eisenstadt, Shmuel N. (Hg.) (1986): *The Origins and Diversity of Axial Age Civilizations,* New York/NY: SUNY Press. Dt.: *Kulturen der Achsenzeit,* 3 Bände, Frankfurt/M.: Suhrkamp 1992.

Eisenstadt, Shmuel N. (1998): *Die Antinomien der Moderne. Die jakobinischen Grundzüge der Moderne und des Fundamentalismus. Heterodoxien, Utopismus und Jakobinismus in der Konstitution fundamentalistischer Bewegungen,* Frankfurt/M.: Suhrkamp.

Fanon, Frantz (1966): *Die Verdammten dieser Erde,* Vorwort von Jean-Paul Sartre, Frankfurt/M.: Suhrkamp.

Foucault, Michel (1984a): »Der Kampf um die Keuschheit«. In: Philippe Ariés et al. (Hg.), *Die Masken des Begehrens und die Metamorphosen der Sinnlichkeit. Zur Geschichte der Sexualität im Abendland,* übersetzt von Michael Bischoff, Frankfurt/M.: Fischer, S. 25–39.

Foucault, Michel (1984b): »On the Genealogy of Ethics: An Overview of Work in Progress«. In: *The Foucault Reader. An Introduction to Foucault's Thought, with major new un-*

published material, hg. von Paul Rabinow, London: Penguin Books, S. 340–372.

Foucault, Michel (1987): »Nietzsche, die Genealogie, die Historie«. In: Ders., *Von der Subversion des Wissens,* Frankfurt/M.: Fischer, S. 69–89.

Foucault, Michel (1988): »Zum Begriff der Übertretung«. In: Ders., *Schriften zur Literatur,* Frankfurt/M.: Fischer, S. 69–89.

Freud, Sigmund (1908/1955): »Die ›kulturelle‹ Sexualmoral und die moderne Nervosität«. In: Ders., *Gesammelte Werke,* Band 7, London: Replica Process, Reprint, S. 143–167.

Freud, Sigmund (1927/1955): »Die Zukunft einer Illusion«. In: Ders.,*Gesammelte Werke,* Band 14, Replica Process, London, Reprint, S. 325–396.

Freud, Sigmund (1929/1955): »Das Unbehagen an der Kultur«. In: Ders., *Gesammelte Werke,* Band 14, London: Replica Process, Reprint, S. 421–506.

Freud, Sigmund (1939/1955): »Der Mann Moses und die monotheistische Religion«. In: Ders., *Gesammelte Werke,* Band 16, London: Replica Process, Reprint, S. 103–246.

Fuchs, Martin (1988): *Theorie und Verfremdung. Max Weber, Louis Dumont und die Analyse der indischen Gesellschaft,* Frankfurt/M.: Peter Lang.

Gellner, Ernest (1992): *Postmodernism, Reason and Religion,* London: Routledge.

Gellner, Ernest (1999): *Nationalismus. Kultur und Macht,* übersetzt von Markus P. Schnupfer, Berlin: Siedler.

Green, Martin (1984): *The von Richthofen Sisters. The Triumphant and the Tragic Modes of Love. Else and Frieda von Richthofen, Otto Gross, Max Weber, and D. H. Lawrence, in the Years 1870–1970,* Albuquerque/NM: University of New Mexico Press.

Heimonet, Jean-Michel (1990): *Politiques de l'écriture. Bataille/Derrida. Le sens du sacré dans la pensée francaise du surréalisme à nos jours,* Paris: Éditions Jean-Michel Place.

Horkheimer, Max/Adorno, Theodor W. (1947): *Dialektik der Aufklärung,* Amsterdam: Querido Verlag. Neuauflage Frankfurt/M.: S. Fischer Verlag 1969.

Jenk, Chris (Hg.) (1998): *Core Sociological Dichotomies,* London: Sage.

KLAGES, LUDWIG (1922): *Vom kosmogonischen Eros,* Jena: Eugen Diedrichs (3. veränderte Aufl. 1930).

LEEZENBERG, MICHEL (1998): »Power and Political Spirituality. Michel Foucault on the Islamic Revolution in Iran«. *Arcadia* 33, S.72–89.

LEPENIES, WOLF (1969): *Melancholie und Gesellschaft,* Frankfurt/M.: Suhrkamp (2. Aufl. 1981).

LIEBERMANN, KURT (Hg.) (1929): *Vom Ursprung zur Vollendung. Ein Lebensbuch kosmisch-religiöser Bindung,* Jena: Eugen Diedrichs.

MADDOX, BRENDA (1995): *The Married Man. A Life of D.H. Lawrence,* London: Minerva.

MEAD, GEORGE H. (1934): *Mind, Self, and Society,* Chicago/IL: Chicago University Press, Dt.: *Geist, Identität und Gesellschaft,* Frankfurt/M.: Suhrkamp 1968.

MONNEROT, JULES (1974): *Inquisitions,* Paris: Librairie José Corti.

NIETZSCHE, FRIEDRICH (1980a): »Jenseits von Gut und Böse«. In: DERS., *Sämtliche Werke,* Kritische Studienausgabe in 15 Bänden, Band 5, hg. von Giorgio Colli und Mazzino Montinari, München/Berlin: DTV/de Gruyter.

NIETZSCHE, FRIEDRICH (1980b): »Vom Nutzen und Nachteil der Historie für das Leben. Unzeitgemäße Betrachtungen II«. In: DERS., *Sämtliche Werke,* Kritische Studienausgabe in 15 Bänden, Band 1, hg. von Giorgio Colli und Mazzino Montinari, München/Berlin: DTV/de Gruyter.

ROBERTSON, ROLAND (1978): *Meaning and Change: Explorations in the Cultural Sociology of Modern Societies,* Oxford: Basil Blackwell.

ROBERTSON, ROLAND (1992): *Globalization: Social Theory and Global Culture,* London, Newbury Park/CA: Sage.

SAID, EDWARD (1978): *Orientalism,* New York/NY: Random House.

SALVATORE, ARMANDO (1997): *Islam and the Political Discourse of Modernity,* Reading: Ithaca Press.

SCHONAUER, FRANZ (1960): *Stefan George,* Reinbek bei Hamburg: Rowohlt.

SEIDMAN, STEVEN (1983): *Liberalism and the Origins of European Social Theory,* Berkeley/CA: University of California Press.

SHILS, EDWARD (1983): »Das Zentrum des Kosmos und das Zentrum der Gesellschaft«. In: HANS PETER DÜRR (Hg.),

Sehnsucht nach dem Ursprung. Zu Mircea Eliade, Frankfurt/M.: Syndikat Verlag, S. 538–558.

STAUTH, GEORG (1991): »Revolution in Spiritless Times: An Essay on Michel Foucault's Enquiries into the Iranian Revolution«. *International Sociology* 6, S. 259–280.

STAUTH, GEORG (1992): »Nietzsche, Weber and the Affirmative Sociology of Culture«. *European Journal of Sociology* 33, S. 219–247.

STAUTH, GEORG (1993a): *Islam und westlicher Rationalismus,* Frankfurt/M.: Campus.

STAUTH, GEORG (1993b): »Leonard Binder and the Hermeneutic of Authenticity: A Critical Note«. *Review of Middle East Studies* 6, S. 85–105.

STAUTH, GEORG (1994): »Critical Theory and Pre-Fascist Social Thought«. *History of European Ideas* 18/5, S. 711– 727.

STAUTH, GEORG (1996): »Islam als Selbstbegriff nichtwestlicher Modernität«. In: HELMUT BUCHHOLT/ERHARD U. HEIDT/GEORG STAUTH (Hg.), *Modernität zwischen Differenzierung und Globalisierung. Kulturelle, wirtschaftliche und politische Transformationsprozesse in der sich globalisierenden Moderne,* Münster: LIT-Verlag, S. 17–42.

STAUTH, GEORG/TURNER, BRYAN S. (1986): »Nietzsche in Weber oder die Geburt des modernen Genius im professionellen Menschen«. *Zeitschrift für Soziologie* 15, S. 81–94.

STAUTH, GEORG/TURNER, BRYAN S. (1988): *Nietzsche's Dance,* Oxford: Basil Blackwell.

TAYLOR, CHARLES (1997): *Multikulturalismus und die Politik der Anerkennung.* Mit Kommentaren von Amy Gutmann (Hg.), Steven C. Rockefeller, Michael Walzer, Susan Wolf. Mit einem Beitrag von Jürgen Habermas. Übersetzt von Reinhard Kaiser, Frankfurt/M.: Fischer.

TOURAINE, ALAIN (1998): »Sociology Without Society«. *Current Sociology* 46, S. 119–143.

TOQUEVILLE, ALEXIS DE (1959): *Über die Demokratie in Amerika.* Aus dem Französischen von Hans Zbinden. Stuttgart: Deutsche Verlagsanstalt.

TURNER, BRYAN S. (1978): *Marx and the End of Orientalism,* London: George Allen & Unwin.

VON GRUNEBAUM, GUSTAV E. (1962): *Modern Islam. The Search for Cultural Identity,* Berkeley, Los Angeles/CA: University of California Press.

Wallerstein, Immanuel (1999): »The Heritage of Sociology, The Promise of Social Science. Presidential Address, XIVth World Congress of Sociology, Montreal, 26 July 1998«. *Current Sociology* 47, S. 1–37.

Walzer, Michael (1996): *Lokale Kritik – Globale Standards. Zwei Formen moralischer Auseinandersetzung,* Berlin: Rotbuch Verlag.

Editorial

In den X-texten überführen Sozial- und Kulturwissenschaftler ihre Beobachtungen aktueller gesellschaftlicher Entwicklungen in Beschreibungen, Diagnosen und Bestandsaufnahmen.

Der in dieser Reihe sich entfaltende diskursive Raum erhält seine Plastizität durch die Kombination unterschiedlicher, vorwiegend differenztheoretisch ausgerichteter Positionen und Textformen. Die dabei entstehenden EXperimente und EXpressionen liefern produktive Lesarten der hoch- oder postmodernen Gesellschaft.